Le Monde *diplomatique*

Vol . 180   Septembre · 2023

Article de couverture

게임체인저로 등장한 BRICS 외교

글 · 피에르 하잔

신흥 경제 5개국 협의체인 BRICS(브라질, 러시아, 인도, 중국, 남아프리카공화국)가 6개 신규 회원국 가입을 승인했다. 이로써 사우디아라비아, 아르헨티나, 이집트, 아랍에미리트, 에티오피아, 이란 등 총 6개국이 추가로 BRICS의 회원국이 됐다. 다양성이 커진 만큼 국제 질서의 공동비전을 제시하는 데 어려움도 있겠지만, BRICS는 지도를 벗어난 차원의 지정학을 보여준다.

7면▶

Editorial

Focus

Société

30

43

27

76

103

주르날 뒤 디망슈

브누아 브레빌 ▌〈르몽드 디플로마티크〉 프랑스어판 발행인

대개 편집실이 한가해지는 여름 바캉스 기간, 일요일에 나오는 〈주르날 뒤 디망슈(Journal du dimanche)〉의 끔찍한 소식에 모든 언론이 들끓었다. 부르주아의 바이블 격인 이 신문은 정부에 호의적인 인터뷰 기사들, 베르나르 앙리 레비의 탐방기사들을 선호하고, 사회운동을 혐오하는 것으로 유명하다.

지난 6월 이 신문의 사주인 억만장자 뱅상 볼로레는 극우 언론인을 편집장으로 임명했다. 다른 이들의 사회적 투쟁을 폄하하던 이 신문의 편집진은, 40일 동안 파업을 하며 투쟁의 혹독함을 맛보게 됐다. 그러나 그 파업도 신문의 발행을 막지 못했다. 8월 6일 사주의 사상에 부합하는 〈주르날 뒤 디망슈〉가 발간됐다. 〈CNews〉로 이름을 바꾼 〈i-Télé〉 방송국도 마찬가지였다.

그 사이 "〈주르날 뒤 디망슈〉의 독립성과 문체 등을 선호하며, 극우와는 정반대 성향인 이 신문의 '공화적 가치들'에 무한한 애정을 드러내는 수많은 항의문과 논평이 쏟아졌다"고 〈리베라시옹(Libération)〉지는 전했다. 〈르몽드〉에서는 정치, 경제, 사회, 문화, 스포츠 분야의 400여 인사들이 '민주주의의 자유 침해'에 대한 비판 서명에 동참했다. 사회당 전 총리 리오넬 조스팽, 파리시장 안 이달고, 여당 소속 유럽의회의원 파스칼 캉팽, 래퍼 조이 스타, 배우 상드린 키베를랭, 유명 셰프 이브 캉드보르드 등이 이에 참여했다.

"원인을 귀하게 여기면서 결과에 불평하는 이들을, 신은 비웃는다"라는 말이 있다. 올 여름 신은 엄청 비웃었을 것이다. 프랑스 엘리트층은 오랫동안, 돈으로 대형 언론을 통제하도록 부추겨왔다. 엘리트층의 '위험한 관계'에 대한 모든 비판을 '포퓰리즘'이라고 자신들이 비난하면서 말이다. 디지털 산업에 밀려나고, 주류 사상이 극우 보수주의와 자유 중도주의 사이에서 갈팡질팡하는 데 당황한 전통적 언론은, 이제 보호 대상처럼 돼버렸다.

뱅상 볼로레, 다니엘 크르제틴스키 또는 미국의 일론 머스크처럼 어디로 튈지 모르는 억만장자 권력자들의 비리에 대해서는 묵인하면서도, 이들 전통 언론은 일부 억만장자의 언론 장악만을 비판한다. 언론사의 뉴스가 공공재라면, 뉴스는 시장논리에서 자유로워야 한다. 그런데 뉴스가 상품이라면, 대파 한 단을 사고팔듯 뉴스를 사고파는 것을 누구도 막을 수 없다.(1) 신문사 사주가 편집 방향을 결정하는 것도 물론 막을 수 없다. 〈주르날 뒤 디망슈〉의 변화에 반대하는 리마 압둘 말라크 문화부 장관은 해결 불가능한 언론의 특성에 대해 위트있게 이렇게 표현했다. "우리는 언론의 자유를 억압할 수 없고, 침해의 자유도 억압할 수 없다."(2) 두 번째 사실이 첫 번째에 치명적인 위협이 되더라도 말이다.

엘리트층 중 이 사태에 분노하는 이들은, 실상 언론의 자유가 사주의 것으로 귀결되는 것 자체를 우려하지는 않는다. 그들이 우려하는 것은, 그들에게 요긴했던 한 신문사가 그들의 독점적인 통제에서 벗어나게 되는 것이다. 만일 이 신문사를 세계 최대 럭셔리 그룹인 루이뷔통모에헤네시(LVMH)의 베르나르 아르노 회장이 인수했다면, 과연 그들이 반발했을까? **ID**

글·브누아 브레빌 Benoît Bréville
〈르몽드 디플로마티크〉 프랑스어판 발행인

번역·김영란
번역위원

(1) Pierre Rimbert, 'Projet pour une presse libre 자유로운 언론을 위한 계획', 〈르몽드 디플로마티크〉 프랑스어판, 2014년 12월호.
(2) 'La Correspondance de la presse 언론의 서한', Paris, 2023년 8월 16일.

태풍 전야의 메뚜기떼와 작은 나비처럼

성일권 ▌〈르몽드 디플로마티크〉 한국어판 발행인

성큼 다가온 가을의 문턱에서, 떠오르는 속담 하나. "메뚜기도 한철이다."

이 땅의 모든 생명체는 생애주기를 따른다. 미성숙한 유년기를 지나 육체적으로 건장한 성년기를 거쳐 삶의 종착점인 노년기로 접어든다. 세상 무서운 줄 모르는 혈기왕성한 시절에는 제때를 만난 듯 멋모르고 날뛴다. 이런 사람을 보고 풍자적으로 "메뚜기도 한철"이라고 한다.

메뚜기는 여름철이 되면 온 들판에 퍼져서 세상의 주인인 양 번성한다. 메뚜기떼가 기승을 부리면 농부의 1년 농사를 망친다. 하늘을 뒤덮고 농작물을 닥치는 대로 먹어 치워 경작지를 초토화하는 메뚜기떼는 세계 각국의 농민들에게 여간 골칫거리가 아니다. 특히 이동메뚜기(Locusta migratoria)는 일정 지역 안에서 다른 개체와 접촉 없이 각자 생활하다가, 때가 되면 떼가 돼 이동한다. 거대한 떼를 형성하는 집합 페르몬이 분비되며 서로 보고 냄새를 맡고 접촉한다. 이를 통해 뇌의 세로토닌과 도파민 수치가 올라 왕성한 식욕을 보이고 활동량도 늘어나는 등 공격적인 성향이 커진다. 이때 서로 잡아먹는 '동종포식'도 일어난다. 동종포식은 뒤에서부터 앞의 메뚜기를 잡아먹는 방식으로 일어나며, 이는 포식에 대한 두려움으로 메뚜기떼를 계속 한 방향으로 이동하게 만드는 작용을 하는 것으로 알려졌다.

"대한민국 정부수립 75년, 민주화 36년의 세월이 흘렀는데, 역대 최악의 정권이 탄생했다. 어떤 독재정권도 이렇게까지 하지는 않았다"는 김동춘 성공회대 교수의 글처럼,(1) '메뚜기 한철' 밖에 되지 않는 집권 1년 만에 이 정권은 우리 조상들이 애써 닦아놓은 역사적 성과들을 모두 말아먹고 있다.

0.8%p의 아슬아슬한 표차로 집권에 성공한 검찰총장 출신 대통령은, 수사 판공비로 검찰 후배들에게 술과 고기를 사주며 자신의 충실한 하수인으로 만들었다. 그렇게 만든 하수인들을 동원해 무소불위의 제왕적 권력을 행사하는 모습은, 흡사 벌판의 모든 생명체를 발라버리는 메뚜기떼를 연상시킨다.

김동춘 교수의 지적에 따르면, 국민이 뽑은 대통령은 국민의 생명과 안전을 지키는 일에는 관심이 없다. 국가의 활동은 집권세력의 이해와 관심, 그들의 부끄러운 과거를 덮을 억지 정책과 논리 반복, 내년 총선 승리와 영구집권을 위한 언론장악 외에는 없다. 우리 편 아니면 모두가 적이라는 식이다. 그들은 입만 열면 '법치'와 '정의'를 부르짖는다. 그리고는 그 '법치'와 '정의'를, 자신들을 보호하고 타인들을 옭아매는 데 잘도 이용한다.

그의 분노는 계속된다. 무려 159명이 목숨을 잃고 200명 가까이 부상자가 발생한 이태원 참사에 대해, 장관이나 경찰 지휘부의 어느 누구도 책임을 지지 않았다. 민족의 독립을 기념하는 8.15 축사에서는 민주, 인권과 국가발전을 위해 애쓴 사람들을 '공산 전체주의'라는, 어떤 역사에도 이론에도 등장하지 않았던 용어까지 동원해가며 '적'으로 몰았다. 집권세력이 '내 편'이라고 간주하는 이들의 범죄는 그 아무리 국가의 기강과 법치의 기초를 뭉갠 심각한 죄라도 수사 기피, 사면복권 등의 방식으로 봐주는 반면, 자신의 정적인 야당 대표, 시민운동가들의 범법 의혹이나 회계 처리 상의 약점에 대해서는 수백 명의 검사들을 총동원해 기어코 괴롭히고야 만다.

친일이 애국이 되고, 전체주의가 자유가 됐으며, 주권상실이 동맹이 됐다. 외교권, 인사권, 사면권은 대통령의 고유 권한이라 하더라도, 헌법상 대통령의 책무를 위반하는 결정까지 용납될 수는 없다. 특히 대통령의 헌법상의 책무인 "조국의 평화적 통일을 위한 성실한 의무"를 무시하는 대북 전쟁 불사 발언, "국가의 독립·영토의 보전·국가의 계속성과 헌법을 수호할 책무"를 심각하게 위배한 일방적인 대미·대일 굴종 외교, 동해의 일본해 표기에 대한 침묵(2), 무엇보다 후쿠시마 원전 오염수 방류에 대해 이 정부가 항의를 하기는커녕 일본 대변인 역할을 한 일을 들 수 있다.

이처럼 대통령이 헌법상의 책무인 평화통일, 국민의 생명과 안전 보장, 법치에 부합하지 않는 결정을 했을 때는 반드시 국민에게 그 이유를 설명해야 한다. 그러나 문제 제기라도 할라치면, '괴담유포자'나 '빨갱이'로 몰리기 십상이다.

무엇보다 한국이 진짜 독립된 주권 국가인지 의심하게 만드는 것은, 역시 후쿠시마 원전 오염수 방류 건이다. 한국의 모든 어민의 생계뿐만 아니라 국민의 건강과 생명이 달려있는 이 사안에 대해, 윤석열 정부가 오히려 국내 정치적 이유로 방류 시기를 앞당길 것을 요청했다는 일본 언론의 보도는 믿기 괴로울 정도다. 게다가, 독립운동가들의 흉상이 철거될 운명에 처했다. 고급 엘리트 장교를 육성하는 '육사'라는 곳에서 독립군 영웅 김좌진, 홍범도, 지청천, 이범석 4명의 장군들과 신흥무관학교 설립자 이회영 선생까지 총 5인의 흉상이 철거를 앞두고 있다. 마치 을사늑약의 '시즌2'를 보는 듯한 느낌이다.

태풍전야의 고요함일까? 이토록 시절이 하 수상함에도, 우리의 일상은 이상할 정도로 태평하고 평온하다. 페이스북과 인스타그램에는 전국 각지와 세계 곳곳의 맛집과 카페를 순례한 인증샷과 리뷰들이 올라있다. 간혹 SNS에 촛불혁명과 광우병 시위, 6.10 민주항쟁 사진 등을 올리며 혁명의 '라떼' 추억들을 소환하기도 하지만, 마지못해 댓글을 몇 자 달며 웃고픈 수준이다.

며칠 전, 광화문 근처를 걷던 내 눈에는 저 멀리, 메뚜기떼 사이로 힘겹게 날갯짓하는 가여운 나비들이 비쳤다. 50여 명의 대학생들이 일본 오염수 방류를 반대하며 "이 정부는 어느 나라 정부냐"고 목청을 높인다. 미국의 기상학자 로렌즈의 주장처럼 "작은 나비의 날갯짓이 뉴욕에 태풍을 일으키듯", 이 광화문의 나비들이 메뚜기를 휩쓸 태풍을 일으키지 않을까, 도발적인 기대를 해본다.

메뚜기들이여! 날뛰어봤자 한철이다. ⒹⒾ

흔들리지 않는 언론
뿌리깊은 서울신문

한결같이 민중을 대변하는 언론으로 올곧게 나아가겠습니다

서울신문
서울신문사 1904년 창간

대표전화 (02)2000-9000 ｜ 광고안내 (02)2000-9393 ｜ 구독안내 080-233-4967

글·성일권
<르몽드 디플로마티크> 한국어판 발행인

(1) 김동춘, '벌거벗은 권력 앞의 호모 사케르', <민들레> 2023년 8월 28일자
(2) 2023년 8월의 한·미·일 정상회담 등 공식회담에서 윤 대통령이 줄곧 '한미일 협력'을 강조해왔음에도 불구하고, 미 국방부는 3국이 합동 군사훈련을 우리 동해 바다에서 가질 경우, 동해가 아니라 '일본해'로 표기하겠다고 밝혔다. <JTBC>2023년8월15일.

게임체인저로 등장한 BRICS 외교

신흥 경제 5개국 협의체인 BRICS(브라질, 러시아, 인도, 중국, 남아프리카공화국)가 6개 신규 회원국 가입을 승인했다. 이로써 사우디아라비아, 아르헨티나, 이집트, 아랍에미리트, 에티오피아, 이란 등 총 6개국이 추가로 BRICS의 회원국이 됐다. 다양성이 커진 만큼 국제 질서의 공동비전을 제시하는 데 어려움도 있겠지만, BRICS는 지도를 벗어난 차원의 지정학을 보여준다.

피에르 하잔 ▌제네바의 인도적 대화를 위한 센터 고문

새로운 게임의 법칙이 등장했다. 그것은 헤게모니를 잃은 서구와 연대하기에는 사이가 너무 먼 개발도상국(Global South)들이 서로 치열하게 협상하는 것이다. 그 어느 때보다 시급한 범세계적인 문제들이 산적한 가운데, 두 당사국들이 가변적이고 유동적이며 위험한, 일시적인 동맹관계를 맺는다.(1) 러시아와 우크라이나의 포로 교환 문제를 해결하기 위해 사우디아라비아와 아랍에미리트가 힘을 합치리라고 누가 상상이나 할 수 있었겠는가? 이란과 사우디아라비아의 외교관계가 중국의 중재로 정상화되리라 누가 상상이나 했을까?(2)

어제의 적과 동맹을 맺을 수 있는 시대

중재의 세계가 변하고 있다. 세계는 기구들 간 협정(지역 간 동맹과 다양한 조약)에 들어섰다. 때로는 서로 경쟁관계에 있는 기구들까지도 협정을 맺는다. 인도의 싱크탱크인 옵서버 리서치 재단(Observer Research Foundation)의 사미르 사란 회장은 이런 협정을 '유한 책임 파트너쉽'이라고 표현했다.(3) 이런 소다자주의(小多者主義, Minilateralism, 전 세계를 대상으로 하기보다는, 한정된 특정 지역에서의 다자간 소통을 우선적으로 이뤄야 한다는 이론-역주)는 단기간에 손을 뗄 수 있는 가변적이고 조잡한 다자주의(多者主義, Multilateralism, 지역적·공간적 한계를 넘어선 포괄적 상호주의)처럼 보이기도 한다. 물론 이전에도 세계는 국가를 포함한 각자의 이득에 따라 움직였다. 그러나 국제 정세가 상대적으로 안정되면 동맹국에 더 견고한 기반을 마련해줬다.

이제는 어제의 적과 동맹을 맺을 수 있다. 상대가 '기회'라고 판단하는 기간만큼은 순수한 합의에 의한 협정이 존속된다. 2022년 7월 22일, 폭력적인 분쟁상태임에도 불구하고 러시아와 우크라이나는 터키와 UN의 중재 하에 곡물 수출조약을 체결했다. 이후 양국은 조약을 연장했지만, 러시아는 1년 후 갱신하지 않겠다고 결정했다(<우크라이나 곡물 유입에 긴장하는 주변국 농민들> 46p. 기사 참조). 이해득실을 저울질하던 러시아는 지난 7월 상트페테르부르크에서 열린 러시아-아프리카 정상회담에서 곡물의 대체 공급(무상 곡물 공급)안을 발표했다. 수천 킬로미터 떨어진 우방국 국민들에 대한 러시아의 잠재적인 영향력을 전략적으로 고려한 끝에 정책에 반영한 것이다.

또 다른 예로, 2022년 10월 레바논과 이스라엘은 미국의 중재로 해상 경계 확정안에 합의했다. 레바논은 이스라엘을 절대 인정하지 않고 있다. 엄밀히 말하면, 전쟁상태인 두 나라가 합의를 맺은 것이다. 대표적인 레바논의 정치군사 조직들 중 하나인 헤즈볼라는 항상 이스라엘을 파괴하겠다는 의지를 밝혀왔다. 반대로 미국과 이스라엘은 헤즈볼라를 테러집단으로 규정했지만, 레바논은 이를 더 이상 문제 삼지 않고 있다. 지중해 연안에 위치한 레바논 베이루트에서 가스 폭발 사고가 일어나자 각국은 다른 이데올로기에 대한 작은 융통성을 보여줬다.

시리아 내전에서도 실용주의가 등장했다. 러시아는 직접적인 충돌을 피하고자 이스라엘, 미국, 터키와 각각 비공식적인 협정을 체결했다. 분쟁과 연루된 외부 강대국들 사이의 이런 협정은 전례 없는 일이다. 협정으로 이스라엘군은 러시아의 방공 시스템을 신경 쓰지 않고 시리아군과 헤즈볼라를 덮칠 수 있게 됐다. 이런 특권의 대가로, 이스라엘은 미국의 압력에도 러시아 제재안에 난색을 표명하고, 우크라이나에 무기를 공급하지 않았다. 이런 교환의 정치경제로 이익을 보는 쪽이 있으면, 손해를 보는 쪽도 있는 법이다.

2020년 9월, 당시 미 대통령이었던 도널드 트럼프는 이스라엘과 몇몇 아랍 국가들과의 외교관계를 정상화하고자 '아브라함 협정'을 체결했다. 1991년 4월 29일 유엔 안보리에서 서부 사하라의 독립 여부를 묻는 '주민투표 결의안 690'이 채택됐음에도, 아브라함 협정의 대가로 모로코는 미국으로부터 서부 사하라 지역에 대한 주권을 인정받았다. 팔레스타인 문제는 이해득실에 의해 또다시 그냥 넘어갔다. 이런 협정들은 근본적인 변화를 보여준다. 서구식 헤게모니의 종식은 국제기구와 지난 30여 년간 서구가 세워놓은 규범들을 약화시켰다. 유럽과 미국이 항상 이 규범을 지키지는 않았을지라도 말이다.

샤덴프로이데, 비서구권 국가들의 속내

푸틴이 전쟁 범죄혐의로 기소됐음에도, 국제형사재판소 지위를 최초로 공인한 아프리카 국가들은 여전히 러시아와 관계를 유지하고 있다. 이를 입증하듯 48명의 아프리카 국가 대표들이 지난 7월 상트페테르부르크에서 열린 러시아-아프리카 정상회담에 참여했다. 우크라이나 공격이 시작된 지 꼭 1년 후인 2023년 2월, 남아프리카공화국은 러시아, 중국과 함께 군사훈련을 하기로 결정하며 서구를 조롱했다. 낙인찍고 제재하는 정치는 국제관계에서 미국의 영향력을 공고히 해줬으나, 이제 잘 통하지 않는다. 일부 지도자들은 스스로를 정당화하고 있다.

이에 대한 좋은 예로, 지난 5월 18일 사우디아라비아의 제다에서 열린 정상회담에서 바샤르 알아사드 시리아 대통령이 아랍연맹에 복귀했다. 그는 이제 아랍세계에서 환영받는 인물이 됐다. 자국민을 유혈진압하고, 화학무기를 사용하고, 수십만 명의 국민

<동시에 일어난 같은 위기>, 2020-글랜 카이노

을 죽이고, 나라를 황폐화시킨 장본인이 말이다. 최고 권력자인 무함마드 빈 살만 사우디아라비아 총리이자 왕세자가 시리아의 바샤르 알아사드 대통령을 맞이했다.

미 대통령 후보시절 바이든은, 정적인 자말 카슈끄지를 청부 살해한 무함마드 빈 살만을 '파리아(Pariah, 버림받은 자, 불가촉 천민)'라고 표현했었다.(4) 2022년 7월 바이든 미 대통령은 자존 심을 꺾고 사우디아라비아의 무함마드 빈 살만에게 석유 생산량 을 늘려달라고 간청했으나, 거절당했다. 이후 미국 행정부는 이란 고립정책의 실패를 인정하고, 이슬람 국가들과 비공식인 핵무기 조약을 모색했다.

글로벌 노스(Global North, 주로 북반구에 위치한 선진국 을 통칭하는 용어) 이외에는 아무도 러시아를 제재하지 않고 있 다.(5) 모두가 알고 있는 그 이유는 예전에 국가의 해방 운동을 도 와준 구소련에 대한 충성심, 곡물가격 상승, 그리고 무엇보다 멀 리서 벌어지는 전쟁의 무고한 희생자에 대한 감정 때문이다. 곡물 가격 상승으로 가장 고통받는 가난한 국민들은 이 고통이 서구 정 책 때문이라고 생각한다. 여기에 개발도상국(Global South) 중 일부 강국은 실용주의적인 이유를 더했다. 그들은 러시아 석유를 저렴한 가격으로 얻고, 무기 공급처를 다양화하고, 지정학적 입지 를 강화하기 위해 러시아를 제재하지 않는다.

비서구권 국가들에는 좀 더 근본적인 무언가, 상징적이면 서도 동시에 정치적인 무언가가 작용한다. 그것은 샤덴프로이데 (Schadenfreude, 타인의 불행이나 고통에서 느끼는 기쁨-역주) 다. 국제사회의 도움을 요청하는 처지가 된 서구를 향해 그들은 이런 심리를 느낀다. 역할이 뒤집힌 것이다. 통상적으로 징계를 내리던 자가 우월함과 거만함을 잃었다. 부유하고 강하던 자가 이 제는 국제적인 연대를 간청하고 있다. 그들은 몇 세기 전부터 규 범을 정하고, 보편적인 가치를 최종 결정하고, 이를 어기는 자를 선택적으로 제재해왔다.

서구는 현재 대가를 치르고 있다. 2003년 이라크를 불법으로 침공하고, 1999년 코소보와 2011년 리비아에 군사적으로 개입했 다. 이후에도 서구는 2021년 아프가니스탄을 붕괴시키고, 코로나 19 팬데믹 동안 백신 보호무역 정책을 펼쳤으나 이제는 장기간 이 중잣대 정책을 지속한 것에 대한 대가를 치르고 있다. 최근 몇 년 전 트럼프 미 행정부는 다자주의를 멸시하는 발언을 하기도 했다. 결국, 서구는 스스로 도덕적 권위에 타격을 가한 것에 대해 대가를 치르고 있다.

인도의 외무장관 수브라마남 자이샹카르는 수없이 느꼈던 점을 솔직히 말했다. "유럽의 문제는 전 세계적인 문제이지만, 전 세계의 문제는 유럽의 문제가 아니라고 생각하는 정신상태를 바꿔야 한다."(6) 대부분의 개도국은 미국과 유럽에 동조하라는 명령을 더 이상 따르지 않을 만큼, 스스로 충분히 강해졌다고 생각한다.(7) 지난 2월 뮌헨 안보회의에서 개도국들은 국가채무, 기후, 환경, 과거 식민지 후유증이 우선과제라고 강조했다. 그러나 식민주의에 대한 향수를 드러내는 '서구 대 전 세계의 나머지 국가'라는 표현을 내뱉는 이들이 아직도 미국에 있다. 인구로 보면, '나머지 국가'가 전 세계의 85%를 차지함에도 말이다.

'차가운 평화' 속 게임의 법칙

이제는 대세가 된 '차가운 평화' 속에서 중견국(Middle power)들은 자신들의 주장을 내세운다. 세계의 7대 주요 선진 강대국인 G7의 총 국부는 BRICS(남아공, 브라질, 중국, 인도, 러시아)에 추월당했다. BRICS에는 알제리, 사우디아라비아, 인도네시아, 멕시코 등 가입 희망국을 포함해 20여 국가가 모였다. 이 국가들이 국제사회에서 목소리를 높이고자 단합해도, 아직은 국제관계에서 새로운 비전을 제공하지는 못할 것이다. 서로 이해관계가 다양하고 때로는 충돌하기 때문이다.

불확실성의 시대에는 가장 기본적인 대비 원칙이 우선시된다. 각국은 재빠르게 군비 증강에 나섰다. 2022년 전 세계의 국방비 지출액은 2조 2,400억 달러로 신기록을 달성했다.(8) 이는 2021년보다 실질적으로 ±3.7%된 금액으로, 유럽의 국방 예산이 30년 만에 최고액을 기록하며 상승하게 됐다. 미국, 영국, 독일, 프랑스, 일본, 한국은 전 세계에서 국방비 지출이 가장 높은 10대 국가에 속한다. 일본은 향후 5년간 국방 예산을 두 배로 늘리려고 한다.

그러나 소다자주의의 실용주의나 군비경쟁은 전 지구적인 문제 해결에는 전혀 유용하지 않다. 국제 안보를 위한 거대한 구조물을 짓거나, 폭력과 갈등의 불평등한 원인을 감소시키거나, 기후 취약지역에 사는 30억 이상의 사람들을 위해 기후위기에 맞서 해결해야 한다. 제2차 세계대전의 잔해 위에, 강대국들의 회의로 운영되는 UN이 창설됐다. 현시대의 범세계적인 과제들을 해결하려면, 창의성을 발휘해 국제사회의 변화에 따른 새로운 게임의 법칙을 고안해야 한다.

새로운 게임의 법칙에서는 국제연합총회의 역할이 안보리보다 확대돼야 하지 않을까? 또는 정부와 시민사회 연합의 역할이 더 커져야 하지 않을까? 함께이자 동시에 개별적인 방식이 필요할 것이다. **ID**

글·피에르 하잔 Pierre Hazan
제네바의 인도적 대화를 위한 센터 고문. 『Négocier avec le diable, la médiation dans les conflits armés 악마와 협상하기, 무력충돌 내 중재』, (Textuel, Paris, 2023년)의 저자.

번역·김영란
번역위원

(1) John Mearsheimer, 'Pourquoi les grandes puissances se font la guerre 왜 강대국은 전쟁을 하는가', <르몽드 디플로마티크> 프랑스어판, 2023년 8월호.

(2) Maria Fantapppie, Vali Nasr, 'A New Order in the Middle East?>, Foreign Affaires, 뉴욕, 2023년 3월. Akram Belkaïd, Martine Bulard, <Pékin, faiseur de paix? 평화 메이커 중국?', <르몽드 디플로마티크> 프랑스어판, 2023년 4월호.

(3) Samir Saran, 'The New World - Shaped by Self-Interest', <Indian Express>, Noida, India, 2023년 5월 23일.

(4) David E. Sanger, 'Candidate Biden Called Saudi Arabia a "Pariah". He Now Has to Deal With It', <New York Times>, 2021년 2월 26일

(5) Alain Gresh, 'Quand le Sud refuse de s'aligner sur l'Occident en Ukraine 우크라이나 문제에 대해 서구의 동조 요청을 개도국이 거절했을 때', <르몽드 디플로마티크> 프랑스어판, 2022년 5월호.

(6) 'Explained: What Jaishankar Said About Europe, Why Germany Chancellor Praises Him', <Outlook> 2023년 2월 20일. OutlookIndia.com

(7) Anne-Cécile Robert, 'La guerre en Ukraine vue d'Afique 아프리카의 시선으로 본 우크라이나 전쟁', <르몽드 디플로마티크> 프랑스어판, 2023년 2월호.

(8) <World Military Expenditure Reaches New Record High as European Spending Surges>, Stockholm International Peace Research Institute, 2023년 4월 24일, www.sipri.

소년을 사살한 프랑스 경찰의 만행

영상이 없다면 '경찰 범죄'도 없다

울리케 룬 리보니 ▌작가

지난 6월 29일, 낭테르 지역의 한 건물 벽에 한 낙서가 보였다. "영상이 없었다면, 나엘은 사고 통계에 불과했을 것이다. 젠장, 겨우 17세에 죽다니…" 이틀 전인 6월 27일, 17세 소년 나엘 메르주크가 사망한 것이다. 나엘은 프랑스 경찰을 피해 자동차로 달아나다가 경찰이 정면에서 쏜 총을 가슴에 맞고 숨졌다. 한 행인이 당시 상황을 촬영하고 해당 영상이 SNS에 유포되자, 초기 기사들에 실린 경찰의 사건 설명에 의문이 제기됐다. 지휘본부 보고서에는 "6월 27일 오전 8시 22분 시민 1명이 왼쪽 흉부에 총상을 입음. 경찰관이 그를 막기 위해 앞에 섬. 재출발하려던 운전자는 차를 몰고 경찰관에게 돌진함"이라고 기록돼 있었다.

하지만 SNS에 올라온 영상에는 천천히 출발하는 차량 옆에서 경찰관 한 명이 총을 발사하는 장면이 담겨 있었다. 그 영상이 없었다면 어떻게 됐을까? 해당 영상은, 촬영한 사람의 동료가 게시했다. 영상을 게시한 젊은 여성은 "만약 그 영상이 없었다면 어떤 일이 벌어졌을까요?"라며 의문을 표했다.(1)

언론에서는 나엘 메르주크의 사망과, 19세 소년 알후세인 카마라의 사망에 대한 반응을 비교했다. 카마라는 2주 전 앙굴렘 외곽의 생티리엑스샤랑트에서 흉부에 총을 맞고 사망했다. 카마라 사망사건에 사람들의 관심은, 나엘 사망사건에 비해 적었다. 출근길에 경찰 검문을 받은 19세 소년 카마라는 경찰의 말에 저항하며 자동차로 경찰의 다리를 쳤다고 기록됐다. 카마라와 어릴 때부터 친구였다는 한 사람은 "카마라가 경찰관을 공격할 리가 없다고 확신한다"라면서도, "하지만, 영상 없이 그 사실을 어떻게 증명할 수 있겠냐?"라고 조심스러워 했다.(2)

영상만으로 충분할까?

사실 영상만으로는 충분하지 않다. 적어도 정의를 실현하기에는 부족하다. 1991년 26세의 아프리카계 미국인 로드니 킹은 로스앤젤레스에서 4명의 경찰관에게 무방비 상태로 무자비하게 구타당했다. 그 상황을 한 주민이 소형 캠코더로 촬영했고, 그 영상이 방송을 타자 사람들은 분노했다. 그때부터 영상은 증거로 활용됐다. 사람들을 동원하고 법적 절차를 밟는 수단이 된 것이다. 주민이 촬영한 영상과 〈CNN〉이 반복적으로 내보낸 방송이 없었다면, 이 사건은 재판으로 이어지지 못했을 것이다. 1년 뒤 경찰들은 무죄 판결을 받음으로써 책임자들에 대한 사법적 책임을 묻지 못했지만, 이 사건으로 인한 사람들의 분노는 로스앤젤레스에서 사상 최대의 폭동으로 이어졌다.

1960년대에는 이미 몇몇 단체들이 경찰을 감시하는 수단으로 카메라를 사용하기 시작했다. 한 흑인단체는 경찰에 의한 사망사건이 계속 벌어지자 로스앤젤레스 와츠 지역에서 실험적으로 카메라를 사용했고, 1966년 오클랜드에서도 블랙팬서당(흑표당. 미국의 급진적인 흑인 정당-역주)이 카메라를 사용했다. 액트 업(ACT UP, 에이즈 퇴치를 위해 활동하는 국제 직접행동단체-역주)에서도 1980년대에 경찰폭력을 막기 위해, 시위를 촬영하는 영상예술가 그룹을 고용하기도 했다. 〈DIVA

TV)의 공동설립자인 캐서린 건 살필드는 "경찰이 사람들의 손목을 꺾어 부러뜨리고, 시위대의 등과 어깨를 곤봉으로 때리는 장면이 담긴 영상을 모아뒀다"고 말했다.(3)

하지만 〈DIVA TV〉의 목적은 약자에게 발언권 또는 존재감을 주려는 것이 아니다. 메드베드킨 그룹 등 개입수단으로서의 영화나 대안 텔레비전을 옹호하는 이들과 달리, 〈DIVA TV〉의 카메라는 투쟁의 도구이며, 영상은 증거다. 경찰을 감시하는 행위는 여전히 정치적 관행이며, 투쟁하는 시청각 실험사의 일부였다. 최근 미국의 조지 플로이드 사건이나 2020년 프랑스의 세드릭 슈비아트 사망 사건의 경우, 이웃 주민이나 행인들이 현장을 촬영했다. 그리고 프랑스 오네수부아에서 테오 루아카가 무자비하게 체포되는 장면(2017년)이나 음악 프로듀서인 미셸 제클러가 구타당하는 장면(2020년)이 CCTV 카메라에 포착됐으며, CCTV가 널리 사용되는 미국에서는 일부 폭력 영상이 경찰 바디캠으로 촬영되기도 했다.

기록보다 공유가 더 중요하다

ONVP(프랑스국립경찰폭력관측소)나 다비드 뒤프렌이 운영하는 플랫폼 〈안녕, 보보 광장(Alldô Place Beauvau)〉 등 오늘날의 활동가들에게는 기록보다 공유가 더 중요하다. 사법부와 언론관계자들에 대한 의존도가 높은 만큼, 그들의 역할이 중요해지고 있다. 하지만 텔레비전 뉴스에서든, 재판에서든 영상으로 메시지를 전달하기 위해서는 일련의 기술적이고 수사학적인 절차가 필요하다. 영상은 전문가나 증인의 입을 통해 설명과 논평이 이뤄지고, 맥락에 맞게 배치된다.

텔레비전에서는 영상에 물리적인 수정 작업을 한다. 그래픽 삽입은 시청자들이 꼭 봐야 할 곳으로 시청자들의 시선을 유도하고, 슬로우모션은 "시청자들이 영상 속 행동에 의도가 있다고 더 인식하도록 유도한다."(4) 화면에 슬로우 효과를 걸면 화면 속 사람이 본인의 행동에 대해 생각할 시간이 있었다는 느낌을 주기 때문이다. 이 방식은 2019년 프랑스에서 발생한 게이 카마라

(Gaye Camara) 사건에서와 같이 영상을 직접 보여주는 것보다 스크린샷을 인쇄하거나 주석을 달아서 대체하는 재판에도 동일하게 적용됐다.(5)

당국이 사회적으로 영상이 미치는 영향에 대해 우려하고, 공권력도 그 영향을 무시하지 못한다는 것은 확실하다. 특히 경찰이 시위 중 촬영의 자유를 제한하는 경우가 늘어남에 따라 프랑스 내무부는 2008년 12월 23일자 회람을 통해 "경찰관은 초상권과 관련해서 특별한 보호를 받지 않는다(...) 개인의 존엄성 침해나 수사 및 조사와 관련된 정보 유출이 없는 한, 언론이든 개인이든 정보의 자유는 초상권이나 사생활 보호권에 우선한다"라

<미네아폴리스>, 2020 - 탄 무

는 것을 경찰들에게 다시 고지하기도 했다.

하지만 현실은 다르다. 2019년 9월, 디종에서 '노란 조끼' 시위를 하던 젊은 남성이 시위대와 경찰의 충돌상황을 촬영해 온라인에 게시했다. 그는 이 혐의로 징역 5개월에 집행유예를 선고받았다. 해당 판결은 '해피 슬래핑(또는 비디오 린치, 폭행 장면을 촬영해 SNS에 올리는 행위)'을 처벌하기 위해 2007년에 도입된 형법 조항에 근거해 내려졌다. 당시 에마뉘엘 마크롱이 속한 여당은 경찰이 폭력을 저지르는 동영상의 유포를 막으려고 했다. 치안 전반에 관한 법안 제24조는 경찰관의 "온전한 신체나 정신을 해치는" 영상을 유포하는 행위를 5년 징

역형으로 처벌하는 내용을 담고 있었지만, 헌법위원회에서 최종적으로 부결됐다.

눈에는 눈, 영상에는 영상

그러나, 2021년 최종 공포된 해당 법에 따라 경찰관은 건물 로비에 설치된 카메라의 실시간 사용권을 획득했다. 나아가 지방 경찰과 전국경찰위원회(SCPN) 소속 경찰관까지 영상 감시 권한을 가지게 됐다. 녹화 장치를 사용하는 사람들이 늘어나자, 그에 대한 대응책을 마련하겠다는 것이었다. "영상으로 공격을 받으면 영상으

로 스스로를 방어해야 합니다"(6)라고 전국경찰위원회의 다비드 르 바 사무총장은 말했다.

이와 같이 '눈에는 눈' 방식으로 특정 영상의 유포를 막으려고 바디캠이나 CCTV로 시민들의 카메라에 맞서려는 것은 오히려 그 영상들이 최대한 많은 사람들의 인식을 제고하거나 억압을 폭로할 수 있는 능력이 있다고 생각하는 위정자들의 믿음을 드러내고 있다. 이런 위정자들의 생각은 모방범죄에 대한 믿음과 연관이 깊다. 즉 연령과 학력이 낮은 개인은 본 것을 흉내 내면서 폭력에 빠져들기 쉽다는 생각이다. 마크롱 대통령이 6월 30일 범부처 위기특별팀에서 담화를 통해 나엘 메르주크가 사망한 이후 서민층이 많이 사는 지역에서 봉기가 일어난 데에는 스냅챗과 틱톡이 "상당한 역할을 했다"고 강조하고, 많은 프랑스 도시에서 벌어진 폭력적인 상황을 찍은 영상을 유포하는 행위를 비난한 것도 이런 이유에서였다.

2010년대에 들어서면서 디지털 플랫폼들은 방송매체 검열에 맞서 자유롭게 녹화물을 방송할 수 있게 했다. 하지만 자본주의의 주요 주체인 기업들에게는 저항을 지원할 사명이 없다. 스냅챗의 프랑스 홍보 책임자는 7월 10일 프랑스 국회 연설에서 스냅챗이 "내무부 및 여러 당국과 협력해 현장에서 목격된 다양한 일탈 행위를 최대한 신속하게 억제하기 위해 노력했다"고 말했다. 이어서 폭동이 막바지에 이른 저녁에 "게시된 모든 이야기는 폭동과 폭동의 결과에 대해 불평하는 사용자들이 올린 글"이라는 사실을 확인했다고 말하고 프랑스 정부 당국과의 협업 결과를 자축했다.

같은 날 아침, 티에리 브르통 유럽내수시장 담당 집행위원은 파티가 끝났다고 경고했다. 브르통 집행위원은 SNS가 폭동을 악화시킬 수 있는 모든 메시지를 사전에 검열하지 않았다는 사실을 개탄하며, 디지털 서비스에 대한 새로운 규정에 따라 "8월 25일부터 그런 종류의 메시지는 더 이상 가능하지 않을 것"이라고 경고했다. "디지털 플랫폼은 증오 콘텐츠, 폭동을 부추기는 콘텐츠, 예를 들어 살인이나 자동차 방화를 촉구하는 콘텐츠가 있을 시 즉시 삭제해야 한다. 이를 어길 시 즉시 처벌을 받게 될 것이다."

일시적으로 금지조치가 내려질 가능성도 있다. 아랍의 봄 이후 SNS를 자유와 연결시켜온 활동가들에게 환멸의 시기가 온 것일까? 2011년 어떤 튀니지인은 "영상이 없었다면 혁명도 없었을 것"이라고 말했다.

영상이 없다면, 또는 영상을 유포할 수단이 없다면 어떻게 될까? 🄻🄳

글·울리케 룬 리보니 Ulrike Lune Riboni
파리8대학 뱅센생드니 캠퍼스 정보통신과학 강사이자 『비디오액티비즘. 시청각 항의 및 영상 정치화 Vidéoactivismes. Contestation audiovisuelle et politisation des images』(암스테르담, 파리, 2023) 저자.

번역·이연주
번역위원

(1) 'Mort de Nahel : la femme qui a posté la vidéo du tir du policier dit avoir "fait son devoir" 나엘의 죽음: 경찰관의 총격 영상을 올린 여성은 "의무를 다했다"라고 말했다', <BFM>, 2023년 7월 8일.
(2) David Perrotin, '"Pourquoi personne n'en parle ?" : 15 jours avant Nahel, Alhoussein, 19 ans, a été tué par la police à Angoulême 왜 아무도 그 사건에 대해 말하지 않았나?": 나엘 사건 15일 전, 앙굴렘에서 19세 알후세인이 경찰에게 살해됐다', <Médiapart>, 2023년 6월 30일.
(3) Catherine Saalfied, 'On the Make: Activist Video Collectives' dans Martha Gever, John Greyson et Pratibha Parmar (sous la dir. de), 『Queer Looks. Perspectives on Lesbian and Gay Film and Video』, London and New York, Routledge, 1993.
(4) Zachary Burns, Eugene Caruso et Benjamin Converse, 'Slow Motion Increases Perceived Intent', 『Proceedings of the National Academy of Sciences』, vol. 113, 2016.
(5) Nicolas Chapuis, 'Les tirs de légitime défense par les policiers, une zone grise pour les enquêteurs 경찰의 정당한 방어 사격, 수사관들이 직면한 회색지대', <르몽드>, 2023년 10월 24일.
(6) Chloé Pilorget-Rezzouk, 'Les caméras-piétons, une fausse bonne idée ? 바디캠, 좋은 생각이라는 착각', <Liberation>, Paris, 2020년 7월 15일.

차별을 심화하는 보석제도

돈으로 자유를 사는 사람들

판결 선고 전 구금을 피하는 보석제도로 돈을 버는 이들이 있다. 바로 법원에 보증을 서주는 '보석보증인'들이다. 보석보증 보험회사의 수익도 커지는 가운데, 미국에서 소수자와 빈곤층에게 절대적으로 불리한 보석제도를 폐지하려는 움직임이 거세지고 있다.

샤를로트 르코키용 ▌기자

"**피**고에게 보석을 허가합니다. 보석금은 1만 유로입니다." 쿠엔틴 타란티노 감독의 영화 〈재키 브라운〉(1997)에서 판사는 돈을 밀반입한 혐의로 체포된 스튜어디스 재키 브라운에게 보석을 허가한다. 이렇게 판사가 검은 법복을 입고 망치를 내리치며 막대한 보석금을 선언하는 장면은, 미국 영화와 드라마에 종종 나온다. 그러나 사람들은 그 이면에 무엇이 있는지 의문을 품지 않는다. 실상 이 장면은 미국 사법체계의 실태를 보여준다. 이 보석제도는 불평등을 야기하는 반면, 누군가에게는 수익의 원천이기도 하다.

원칙상 보석은 피고가 재판에 성실히 출석한다는 것을 전제로 한다. 피고에게 도주 및 재범의 위험이 없다고 판단될 경우, 판사는 피고를 조건 없이 풀어주거나 보석을 허가한다. 이때 보석금액은 범죄 유형에 따라 산정된다. 피고가 법정에 빠짐없이 출두한 경우, 재판이 끝나면 유죄든 무죄든 상관없이 납부한 보석금 전액을 환급받도록 법에 규정돼 있다. 그러나 실상에서는 판사에게 상당한 재량이 부여된다. 판사는 피해자 보상 및 재판비 명목으로 비용을 징수할 수 있다. 따라서 피고가 납부한 보석금 전액을 환급받지 못하는 경우가 대부분이다.

미국의 8차 개정헌법은 '과도한' 보석금을 부과해선 안 된다고 명시하고 있지만, 많은 사람이 보석금을 내지 못하는 실정이다. 운이 없으면, 죄의 경중이나 무죄추정과는 상관없이 구치소에 남아야 한다. 며칠 또는 몇 주가 걸리기도 하지만, 경우에 따라 몇 개월, 몇 년까지 소요된다. 판사는 재키 브라운에게 설명한다. "두 가지 선택지가 있습니다. 첫째, 보석금을 법원에 납부하면 즉시 석방됩니다. 그러나 액수를 고려하면, 가능성이 없어 보이네요. 둘째, 재판이 끝날 때까지 이곳에 남는 것입니다. 아마 1년 이상 걸릴 겁니다." 뉴욕 주에서는 2019년 보석개혁법 이전에 재판이 진행 중인 피고의 평균 수감일수가 147일이었다.(1) 싱크탱크 PPI(Prison Policy Initiative)에 따르면, 현재 미국의 미결구금자 수는 42만 명을 넘어섰다.(2) 캘리포니아의 경우, 수감자 중 3/4이 미결수다.(3) 입소자와 출소자를 모두 고려하면, 미국의 미결구금자 수는 200만 명이 넘는다.

판결이 나지 않은 상태로 구금된 피고인 수는 1980년 이후 4배에 달한다. 이 경우, 법정에 자유롭게 출석하는 피고인보다 유죄 판결을 받는 비율이 높으며, 형량도 더 길다. 특히 양형거래에서 형량이 더 길게 나온다.(4) 보석제도는 수많은 차별을 낳는다. 유사한 범죄라도 아프리카계 미국인과 중남미계는 백인보다 각각 35%, 19% 높은 보석금을 부과받는다.(5) 폭력, 사회적 낙인, 정신건강 악화, 실직, 양육권 및 체류권 상실 등 구금의 결과는 재앙 수준이다. 따라서 능력이 되는 사람은 보석금을 지불하고 집에서 변호를 준비한다.

자금이 부족한 사람들(피고인 대부분) 중 일부는 선한 사마리아인을 만나는 행운을 누린다. 1963년, 마틴 루터 킹은 인종차별에 대항해 비폭력 행동을 했다는 이유로 버밍엄 감옥에 구금됐는데, 한 흑인 기업가가 5,000달러의 보석금을 대납해줬다. 2015년, 비욘세와 제이지는 볼티모어 경찰의 폭력에 항의한 시위대의 석방을 도왔다.

그러나 이런 사례는 매우 드물다. 자비로운 후원자가 없는 가난한 피고인들은 '보석보증인'에게 의지할 수밖에 없다. 〈재키 브라운〉에 원색적 인물로 등장하는 맥스 체리와 같은 존재다. 보석보증인은 보석금의 10~15%에 해당하는 환불 불가 수수료를 받고 법정에 보증을 서주며, 피고는 재판이 진행되는 동안 자유롭게 지낼 수 있다. 보석보증인은 피고가 법정에 출석하지 않은 경우에만 보석금을 지불한다. 그러나 대개 페어팩스 파이낸셜처럼 유사시 보석금을 지불하는 보험회사에 부담을 전가한다.

보석보증인 서비스는 이제 필수가 됐다. 싱크탱크

PPI에 의하면, 23~39세 미결수 남성과 여성의 연평균 수입은 각각 1만 5,000달러, 1만 1,000달러다. 반면, 보석금 평균액은 1만 달러에 달한다. 이들이 이런 큰 금액을 납부하기는 불가능하다. 대개 이 돈을 마련하려면 가족이 빚을 지고, 생필품도 사지 못하고, 재산을 저당잡혀야 한다. 따라서 미국에 1만 5,000개에 달하는 보석보증업체 입장에서 보면, 경찰과 사법제도의 표적이 되는 극빈자, 특히 인종적 소수자로부터 매년 150억 달러를 뜯어갈 수 있는 수익성 좋은 사업이다. 2017년, 로스앤젤레스 법원에서 산정한 보석금 총액은 360억 달러를 육박했으며, 미결수 중 83%가 흑인과 라틴계였다. 같은 해, 로스앤젤레스 보석보증업체들이 청구한 환불 불가 수수료 총액은 4,100만 달러였다.(6)

피고인이 재판에 출석하지 않더라도, 보석보증인이 법원에 보석금을 내는 경우는 매우 드물다. 애초에 기한이 충분히 길기 때문에, 대부분 피고가 자진해서 다음 재판에 출두하거나 경찰에 잡혀온다. 보석보증인이 피고를 재판정에 세우기 위해 추적전문가를 고용하는 등 별도의 조치를 취해야 하는 경우, 피고의 가족에게 대금을 청구한다. 이 시장은 경쟁이 치열하고 규제가 거의 없기 때문에 지불 연체 시 과도한 벌금 부과, 재판이 연장되는 경우 매년 비용 자동 갱신, 피고인에 대한 감시 및 감청, 통금, 구치소 재입소에 대한 위협 등의 악습이 만연하다. 2021년 뉴욕에서 리브르(Libre) 보석보증업체를 고소한 사건의 경우, 한 외국인이 3년간 전자팔찌를 차고도 매달 420달러의 수수료를 지불했다. 애초에 보석금은 1만 달러였는데, 수수료 명목으로 총 1만 7,000달러를 낸 것이다.

가족들의 절박함을 악용

일부 보석보증업체들은 취약계층의 돈을 탈취하기 위해 가족의 구속에 따른 불안과 절망을 악용한 감정적 협박을 서슴지 않는다. 특히 피고의 어머니와 아내가 주요 표적이 된다. 미네소타대학 사회학자인 조슈아 페이지는 이런 보석보증업체에서 18개월간 일하며 실태를 관찰했다.(7) 그 결과, 보석보증업체와 보험회사는 백인 여성을 더 신뢰했으며, 흑인과 라틴계 여성에게 백인 여성보다 더 높은 수수료와 엄격한 지급조건을 부과했다.

이런 이유로 미국에서는 전국적으로 보석제도 개혁이 진행되고 있다. 필라델피아 당국은 경범죄에 대해 보석을 적용하지 않기로 했다. 뉴저지 주는 특정 범죄에 대해 자동으로 보석을 부과하는 제도를 폐지했다. 뉴욕 주의 경우, 판사가 보석 대신 보호관찰 등의 대안을 제시해야 한다. 또한 4개 주에서는 영리 목적의 보석보증사업을 금지했다.

미국계 흑인 이익단체 50개가 결집한 M4BL(흑인 생명운동)은 보석 문제를 핵심 요구사항으로 주장한다. 특히 흑인, LGBT, 여성 등 보석제도에 취약한 피고인들을 석방시키기 위한 모금운동(The National Bailout)을 적극 추진하고 있다. 판결이 선고된 시점에 회수된 돈을 다른 보석 건에 재투자하는 방식으로 운영된다. 컬러 오브 체인지(Color of Change)와 ACLU(미국시민자유연맹)는 보험회사를 공격하는 일에 주력한다. 2020년에는 토키오 마린(Tokio Marine), 랜들 & 퀼터(Randall & Quilter), 인데버 캐피털(Endeavour Capital) 등이 보석보증사업을 철수했다. 이후 두 단체는 페어팩스 파이낸셜에 대항하는 새로운 캠페인을 추진했다. 캐나다 대기업인 페어팩스 파이낸셜은 현재 보석보증 시장을 거의 독점하고 있으며, 2022년 매출은 270억 달러를 기록했다.(8) AM베스트 평가기관에 따르면, 보험회사의 총이익률은 자동차 및 주택 보험은 33%인 반면, 보석보증 보험은 무려 83%에 달한다.(9) 이런 상황이니, 보석보증 업계가 개혁에 대항하기 위해 광고, 로비스트, 선거 캠페인에 수백만 달러를 투자하는 것은 놀랄 일이 아니다.

미국 각지에서 이미 진행 중인 개혁조치는 안전과 국방 면에서 효과를 보이고 있다. 2015~2022년, 텍사스 주 휴스턴에서는 체포 후 24시간 이내 석방된 경범죄범 수가 13% 증가한 반면 재범률은 오히려 감소했다.(10) 뉴욕 주에서는 2019년에 보석개혁법을 도입한 결과, 미결구금 건수가 15% 감소했다.(11) 보석 반대 운동가들은 이 제도의 폐지를 기다리며 체포된 동료들을 위한 보석금을 모금 중이다.

그러나 사회운동은 거센 탄압을 받고 있다. 애틀랜타에서는 최근 몇 개월간 대규모 경찰 훈련센터 건설계획인 '경찰 도시(Cop City)'에 반대하는 운동가들 중 상당수가 경찰에 잡혀갔다. 보석 반대 운동가들은 이들을 돕기 위한 보석금 모금 활동에 나섰다. 그리고 지난 5월 31일, 이들마저 경찰에 체포됐다. **LD**

글·샤를로트 르코키용 John J. Mearsheimer
기자

번역·이보미
번역위원

(1),(11) Peter Mayer, 'Justice, safety and prosperity : New York's bail reform success story', <FWD.us>, 2023년 2월 27일, www.fwd.us

(2) Wendy Sawyer, Peter Wagner, 'Mass incarceration : the whole pie 2023', <Prison Policy Initiative>, 2023년 3월 14일, www.prisonpolicy.org

(3) 'California, the State of incarceration explained', <Vera Institute of Justice>, 2023년 3월, www.vera.org

(4),(7) Joshua Page, Victoria Piehowski, Joe Soss, 'A debt of care : commercial bail and the gendered logic of criminal justice predation', <The Russell Sage Foundation Journal of the Social Sciences>, 뉴욕, 2019년 2월.

(5) Adureh Onyekwere, 'How cash bail works', <Brennan Center for Justice>, 2019년 12월 10일, www.brennancenter.org

(6) 'Million dollar hoods project', <UCLA>, 2018년. www.bruncheenter.ucla.edu

(8) 'Financial results for the year ended on December 31, 2022', 보도자료, 2023년 2월 16일, www.fairfax.ca

(9) Alwyn Scott, Suzanne Barlyn, 'U.S. bail-bond insurers spend big to keep defendant paying', <Reuters>, 2021년 3월 26일.

(10) Paul Heaton, 'The effect of misdemeanor bail reform', <Quattrone Center for the Fair Administration of Justice>, 2022년 8월 16일, www.lawupenn.edu

일본해 표기 공식화, 이러다가 독도 내줄라

미 국방부에서 동해를 일본해로 공식화하면서, 논란에 불이 붙었다. 독도나 동해 표기 등 일련의 한일 문제에는 역사적 필연과 우연이 잠복돼 있다. 비분강개한다고 해결될 문제가 아니다. 차분한 설명과 엄밀한 분석이 필요할 때다.

주강현 ▋제주대 석좌교수, 전 국립해양박물관장

우리는 당연히 동해(East Sea)라고 부르는 곳을, 현행 세계지도의 90% 이상이 일본해(Sea of Japan)로 표기하고 있다. 방향을 가지고 해양명을 정한 경우는 의외로 많다. 영국과 아이슬란드 사이에 북해가 있다. 중국에서도 오방 개념으로 바다를 많이 칭했다. 이슬람적 세계관에서는 빛깔을 담아 북의 흑해(Black Sea), 남의 홍해(Rea Sea), 서의 청해(Caspian Sea)가 있으며, 지중해는 백해(White Sea)가 있을 따름이다.

그렇다면, 동해 명칭이 쓰인 역사는 얼마나 됐을까. 당 이전의 중국 고지도나 문헌에는 한반도 동부 해역을 단순히 해(海), 또는 대해(大海)로 표기했다. 『당회요』에는 소해(少海, 혹은 小海)로 나온다. 원대에 잠시 경해(鯨海, 고래바다)로 불리다가 명청시대에는 동해로 불리기 시작했다. 한국이 일관되게 사용해온 동해라는 명칭은 『삼국사기』의 고구려본기 동명성왕편에 처음 등장한다. "동해에 가섭원이라는 땅이 있는데, 토양이 기름져서 오곡이 잘 자라니 도읍으로 정할 만하다(東海之濱有地 號曰迦葉原 土壤膏 宜五穀 可都也)."

2천 년 넘게 표기되어 온 '동해'

삼국 건립 이전인 기원전 59년부터 사용한 표기이므로, 근 2000년 넘게 동해라 불러온 것이다. 광개토대왕비문에는 '東海賈'(동해 물가라는 뜻)가 등장한다. 동해라는 일관된 명칭을 쓰고 있다. 통일신라는 물론이고 고려, 조선을 관통하면서도 동해 명칭은 흔들림이 없다.

왕조가 변하고 강역의 범주가 변했어도 동해 명칭은 의연하다. 한반도에서 제작된 모든 지도에 동해로 명기된다. 이천 년을 뛰어넘는 명칭의 장기지속성이 기록으로 분명히 입증된다.

이 모든 것들이, 우리가 동해를 주장하는 강력한 역사적 근거이다.

16~18세기 후반까지 유럽 지도에서 동해를 통칭한 것은 우리가 통념상으로 부르는 동해가 아니라 동양해(Oriental Sea, Mer Orientale)였다. 조선해나 한국해도 두루 쓰였다. 일본해는 거의 등장하지 않았다.

한국해는 1571년, 바즈 두라노가 제작한 해도에 'Costa de Corai'로 표기됨으로써 처음 등장했다. 1595년, 랑그렌(Henricus F. van Langren)이 판각한 '동인도지도'에서도 우리나라를 'Corea'로 명기했다. 같은 해 떼이세라가 제작하고 오르텔리우스(Abraham Ortelius, 1527~1598)가 출판한 지도책에서도 'Corea'로 표기했다. 17세기 포르투갈이나 영국에도 한국해가 다수 등장한다. 1615년 포르투갈 에레디아의 아시아 지도에도, 영국의 탐험가이자 지도 제작자였던 로버트 더들리(Robert Dudley)의 『신비로운 바다』 해도에도 한국해(Mare di Corai)로 명기된 것이다.

1694년판 영국 세계지도에서는 '동양해(Oriental Sea)'로 표기했다. 동양해라는 명칭은 17세기 후반 당빌이 그린 지도처럼 한국, 일본, 중국 연안해와 동해를 지칭하는 범용어였다.

1714년판 허만 몰(Herman Moll, 1654~1732, 영

국의 지도 제작자, 조각가 및 발행인)의 중국 지도에서 한국해(Sea of Corea)로 명기했다. 1734년 러시아 키리롭프의 아시아 지도에는 한국해라 표기했다. 1739년 독일 하시의 러시아 전도에서는 동해를 '작은 오리엔탈해'로 명기했다. 1748년 영국 해리스는 『13세기의 마르코폴로의 항해와 여행』이란 지도에서 동해(Eastern Sea)로 명기했다. 1752년 영국 보웬의 지도는 당시 영국이 인식하던 세계표준지도를 의미하는데 동해를 한국해(Sea of Korea)로 명기했다.

제국주의 쟁탈전이 극성을 부린 19세기에 영국 화덴은 『세계 일반지도』를 펴내면서 동해를 '한국만(Gulf of Corea)'으로 명기했다. 1844년 러시아 수로국의 『북극해와 동아시아해』 지도에서는 한국해로 표기했다. 1845년에 영국의 월드가 그린 『현대 일반지도에서의 아시아 지도』는 한국해로 명기했다.

일본 쪽 사정은 어떠했을까. 다카하시 가게야수는 1809년부터 1810년까지 막부의 지원과 허가를 받아 제작한 공식 지도에서, '조선해' 명칭을 썼다. 메이지유신 뒤인 1871년 요시히게 무라카미가 그린 세계지도에서는 한국과 일본 사이를 '조선해'로, 일본 남부는 '대일본해'로 명기했다.

일본해의 세계화는 제국주의 유산

그렇다면, '일본해' 명칭은 어디에서 왔을까? 18세기 말부터 19세기 초에 걸쳐 일본해가 유럽에서 널리 사용됐으며, 일본 스스로도 일본해 명칭을 사용하기 시작했다. 마테오 리치는 『만국곤여전도』(1602)에서 일본해로 표기한 사실을 주목했다. 『만국곤여전도』를 일본인은 서양인이 처음으로 '동해'를 '일본해'라 명기한 유력 증거로 내세우게 된다. 그러나 속사정은 다르다. 일본 근역을 그저 '일본해'라고 명기했을 뿐이고, '동해' 해역에는 한국에 관한 설명을 달았기 때문에 여백이 없는 관계로 별도로 명칭을 적지 않았을 뿐이다. 비슷한 시기에 중국에서 활약했던 알레니가 1623년에 제작한 『만국전도』에는 '동해'라고 분명히 명기했다.

프랑스 『라페루즈 세계탐험기』(1797) 이전에는 '한국해'가 다수였다. 그러나 동해를 직접 탐사한 라페루즈의 높은 신망 때문에, 그가 사용한 일본해가 유럽에 통용됐던 것이다. 즉, 일본해 명칭의 출발점은 일제의 식민지배와는 무관했다. 지도학자 이상태의 『19세기 서양지도 분석』에 의하면, 일본해 명기 지도도 상당수지만 동해 표시 지도도 상당함을 알려준다. 그가 분석한 고지도 104종 중에서 동해 표시 명칭 중 'Mer de Corée'가 25종, 'Sea of Corea'가 41종으로 다수다. 재미있는 추이는 시대가 뒤로 갈수록 동해 표기가 줄어들어 14종밖에 되지 않는다는 점이다. 어떤 국제적 변화가 감지된다.

여러 이유가 있으나, 특히 지볼트가 일본지도를 서양어로 번역하면서 '일본해'로 명기한 것도 영향을 미쳤다. 지볼트의 저서는 서양에 지대한 영향을 미쳤고, 대부분 이 지도를 참조해 서양지도를 그리면서 '동해'가 '일본해'로 바뀌었다. 1854년 페리 제독에 의해 일본이 문을 열면서 차례로 수교한다. 조선이 문을 열지 않은 상태에서 일본 입장이 반영된 일본해 명칭이 세계로 퍼져나가는 출구가 됐다. 1929년 국제수로기구(IHO)에서 처음으로 바다 명칭을 공식화시킬 때, 피식민지로서 입장을 개진할 수 없는 조건 속에서 일본해가 국제 공인을 얻었다.

즉, 1929년 IHO의 '해양과 바다의 경계'에 일본해 등재라는 사단이 발생했다. 몇십 쪽에 불과한 얇은 책자가 동해 호칭의 장래 운명을 바꾸어버린 것. 이처럼 일본해의 세계화도 제국주의 유산이다.

국제적으로는 동해/일본해 병기가 바람직

국제수로기구는 1921년 설립된 이래로 74개국이 가입돼 있다. 한국은 1957년, 북한은 1987년에 가입했다. '해양과 경계'는 해양지명의 표준화 교본으로 지명에 관한 한 '바이블'이다. 이에 기초해 세계 각국이 해도를 만들고, 더 나아가서 관광지도·특수지도·지도상품 등 2차 지도가 만들어진다.

한국 입장은 당연히 동해 표기다. 그러나 국제기구

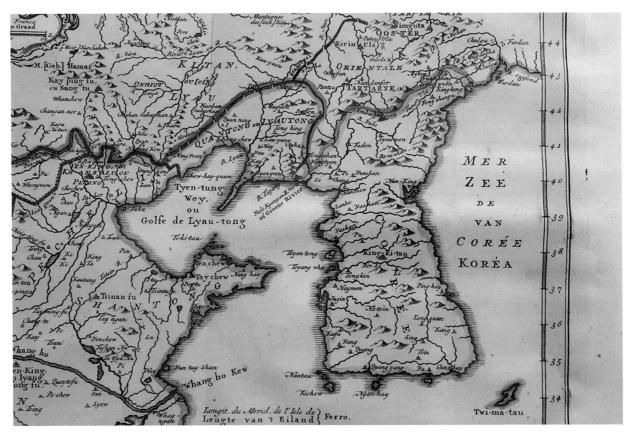

프랑스 왕실 수로학자 벨렝 Jacques-Nicolas Bellin 이 1747년 제작한 고지도. 동해는 프랑스어와 네덜란드어로 '한국해'로 표기돼 있다.

에서는 양국 간 논란이 있는 지명은 '병기'를 권장한다. 프랑스에서 논란을 제기해 기존의 영국해협 호칭을 'La Manche'로 병기해 해결한 사례가 있다. 우리 입장에서는 동해 단독 표기가 정답임이 분명하지만, 지명 분규에 관한 양국 협의가 이뤄지기까지 잠정적으로 '동해/일본해' 병기를 요구하는 이유가 여기에 있다.

일본은 병기를 거부하고 오로지 일본해 단독 표기만을 고수한다. '일본해' 호칭은 지리적 · 역사적으로 확립돼 있고, 국제수로기구에서 지지 · 사용하고 있음을 강조한다. 일본해를 확고하게 하기 위해 여러 나라 외교당국과 지도 제작회사, 언론계 등에 일본해 호칭을 요청하는 문서를 배포하고, 외무성 · 해상보안청 등 국가기관을 총동원하는 등 사력을 다한다. 이번의 미 국방부 발표도 일본의 치밀한 노력의 결과물로 여겨진다.

일본 석학들도 '일본해' 단독 표기 비판

16세기 미수 허목은 척주동해비의 〈동해송〉에서 동해를 노래했다. 동해는 매우 장엄한, 어떤 영적인 무게로 다가오는 바다. 양양 남대천변에는 동해신묘의 잔흔이 남아있다. 동해신묘는 국가 권력이 동해에 의탁한 성소였다. 양양의 동해신사, 황해도 풍천의 서해신사, 나주(지금의 영암)의 남해신사 그리고 바다가 없어 해신을 모실 수 없는 북쪽에는 강신(江神)으로 함북 경원의 두만강신사, 평북 의주의 압록강사를 모셨다. 동해묘는 정확한 터전이 확인되는 남한 땅의 유일한 국가적 해양 성소이며, 이 역시 동해 호칭의 역사적 근거 중 하나다.

그런데 통감부 시절인 순종 2년(1908년)에 동해신묘에 철퇴가 가해진다. 천 년을 넘어 이어져 온 동해신묘에 대한 훼철은 제국주의의 동해 침탈이 신성 공간의 침해라는 형식으로 표징된 것이다. 훼철 당시에 동해신묘 중수기사비는 동강난 채로 개인집에 보관돼 오다가 근년에 제자리를 찾았다.

일본이 주창하는 일본해에 관해서도 역사적 실체를 규명해볼 필요가 있다. 7세기 이전에는 일본국 명칭 자체가 어느 문헌에서도 확인되지 않는다. 석학 아미노 요시히코는 일본명 자체가 '가상의 전제'로부터 출발했음을 비판하면서 일본해 따위의 이름이 성립불가함을 역설한 바 있다.

"일본열도·연해주·한반도에 둘러싸인 내해를 '일본해'로 부르는 것은 참칭(僭稱)이다. 진(秦)이 변해 지명화한 '지나'와 달리, '일본'은 지명이 아니라 여전히 특정 국가의 이름이기 때문이다. 물론 이것은 일본 제국주의와는 무관하게 17세기부터 서유럽의 지도에 사용돼온 명칭이라고는 해도, 여러 국가가 둘러싼 이 바다에 특정한 국명을 붙임은 바다의 성격에 어울리지 않는다. 언젠가 이 내해를 둘러싼 지역의 모든 사람들의 합의 아래, 이 바다에 어울리는 멋진 칭호가 정해질 날이 어서 도래하기를 진심으로 기대한다. 이미 청해(靑海)로 부르자고 제안한 적이 있는데, 에메랄드빛이 아름다운 이 바다의 특질을 잘 표현한 명칭이라고 생각한다."

아미노 요시히코는 '일본해'를 두고 '분수에 넘치는 칭호를 스스로 이름'이라는 뜻의 '참칭(僭稱)'이란 단어까지 썼다. 그가 지적했듯 한국, 일본, 러시아 등으로 둘러싸인 바다를 특정 국가의 명칭으로 부를 수는 없을 것이다. 일본해 단독표기의 부당성을 지적하면서도, 언젠가 이 내해를 둘러싼 지역의 모든 사람들의 합의가 필요한 대목이다. 아미노 요시히코의 지적에 동의한다.

미 국방부의 일본해 단독표기는 명백한 월권

현재 한국 외무부와 해수부가 공식으로 주창해온 동해/일본해 병기는 역사적 근거를 모두 포괄하고 일본의 입장도 포용하는 합리적 해결책이다. 그간 정부의 공식 입장에 문제가 없었다는 뜻이고, 이 입장은 철회되지 않았다. 대일관계에서 양보를 거듭해온 현 정부의 동향에 반응해 미 국방부는 일본해 단독 표기를 공식화했다. 아마도 일본 측의 어떤 뒷작업이 있었을 것이다. 일방 발표는 미국의 월권이다. 우리는 잘 안다. 미군의 작전지도에 일본해로 명기된 사실을. 문제는 그 단독 사용명칭을 공식으로 발표했다는 데 있다. 우리는 또한 잘 안다. 미국은 내심으로 독도보다는 다케시마를 지지한다.

하지만, 속마음과 공식 언표로 다케시마를 발표함은 전혀 다른 문제다. 그동안 동해 표기에서 남북은 공조를 취했다. 특히 독도 문제에서 북한은 강경한 자세를 취한다. 남북관계가 단절되면서 해양영토 문제에서도 공조가 사라졌다. 남북의 단절은 일본에는 틈새이자 기회다.

그러나, 일본이 일본해를 주창하고 미국이 지지했다 해도 북한의 입장은 일관될 것이다. 해양주권은 함부로 다룰 과제가 아니다. 엄연한 해양영토 문제이고, 대통령은 헌법이 정한 영토수호의 의무가 있다. 일본해 단독 표기 이후에 몰아닥칠 예상되는 파고는 독도 문제다. 헌법이 정한 영토수호의 의무로 미 국방부의 일본해 단독 표기 발표에 엄중 항의해야 한다. 해양영토는 주권의 문제이지, 어떤 정권에서 양보할 수 있는 임의 처분 가능한 물건이 아니기 때문이다. **LD**

글·주강현
제주대 석좌교수. 해양문화연구원 원장. 이어도연구회 해양연구센터장. 전 국립해양박물관장. 해양문명사가. 『해양실크로드 문명사(유럽 이전의 바닷길)』 (바다위의정원, 2023년)를 비롯해 다수의 저서가 있다.

멕시코산 강낭콩, 호박, 옥수수의 슬픈 이야기

"노란 강낭콩에 '미국놈'들이 특허를 냈다고?"

올메카 문명, 마야 문명, 그리고 아스테카 문명까지, 오늘날 우리가 멕시코라 부르는 중앙아메리카 끝자락의 민족들은 당시 서구권에는 알려지지 않았던 식물인 강낭콩, 호박, 옥수수를 주식으로 삼았다. 그러나 그들이 수천 년 동안 쌓아온 식물학적 지식과 경험은 콘키스타도르와 미국의 악질 상인들에 의해 파괴됐다.

알랭 아마리글리오 ▌교사 및 작가

누가 기억할까? 강낭콩은 그 옛날 멕시코인들이, 신에게 받은 선물이라는 사실을 말이다. 멕시코인들의 조상에게 강낭콩을 선물한 케찰코아틀 신은 깃털 달린 신비한 뱀의 형상을 지녔다. 흔히 식용되는 플라젤렛빈, 북부의 아리코 랭고, 코코 드 팽폴, 방데주의 모제트, 아리코 타르베. 이 콩들에서 뭔가 이국적인 느낌이 드는 이유일 것이다. 강낭콩에 붙은 지역명들은 이들이 모두 같은 열대 칡 식물에서 파생됐다는 사실을 잊게 한다.

『잭과 콩나무』를 읽었거나 정원을 가꿔봤다면 알 것이다. 강낭콩(Phaseolus vulagris)의 줄기는 감고 붙는 성질을 가지고 있다.(1) 강낭콩의 줄기는 홀로 위로 자라기에는 연약해, 뭔가를 나선 형태로 휘감으며 빛을 향해 나아간다. 언제나 반시계 방향으로 말이다. 로마인들은 여기서 불길한 징조를 봤을지도 모른다.

케찰코아틀은 옳았다

그러나 로마인을 포함해 유럽인이 강낭콩을 제대로 알게 된 것은 콜럼버스의 신대륙 발견 이후였다. 로마인들은 깃털 달린 뱀인 케찰코아틀이 인간의 식생활에 도움을 주기 위해 제공했던 옥수수와 호박에 대해서도 잘 알지 못했다. 긴 세월, 케찰코아틀은 인간을 만족시킬 식물을 찾아 헤맸다. 그러던 중에 케찰코아틀은 불개미가 옥수수 낱알을 가지고 가는 모습을 봤다. 그는 불개미를 따라가다가 산에까지 올랐는데, 그 개미가 좁은 틈 안으로 사라져버리자 검은 개미로 변신해 불개미를 끝까지 따라갔고, 그곳에서 다양한 종자들로 가득한 엄청난 보물창고를 발견했다. 그것들을 가져오는 일

아티초크와 후추나무는 열과 염증을 가라앉히고 소화를 촉진한다.

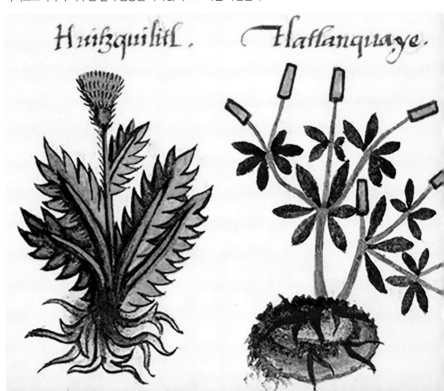

은 쉽지 않았지만, 케찰코아틀은 그 일을 잘 해냈다. 그리고 그날부터 멕시코인들은 강낭콩을 먹게 됐다.

그러나 실제로는 이런 일들이 일어났다는 시기에, 세상에는 아스테카 문명도, 마야 문명도, 멕시코도 없었다. 중앙아메리카 최초의 농부들이 고된 노동을 하지 않아도 먹을 수 있도록 신이 자비를 베풀었다는 대목도 의아하다. 옥수수가 처음부터 인간이 먹을 수 있는 상태는 아니었기 때문이다. 멕시코인들의 조상은 야생 테오신트를 집에서 길렀는데, 이 화본과 식물(식물 분류학에 따라 볏과에 속하는 식물. 벼, 옥수수 등 곡류가 많다-역주)의 이삭 형태는 다 익으면 부서지기 일쑤였다. 오늘날 우리가 아는 일반적인 이삭 형태의 옥수수를 얻기까지 수도 없는 선택의 과정이 있었고, 뿌리에 심줄이 많은 칡 식물을 강낭콩으로 바꾸기까지도 오랜 시간이 걸렸으며, 사람들이 이 옥수수와 강낭콩과 호박이 훗날 갖게 될 특별한 가치를 이해하는 데에도 긴 세월이 필요했다.

여하튼 케찰코아틀은 옳았다. 강낭콩은 콩과 식물로, 산화 아민의 합성에 필수적인 질소를 고정한다.(2) 이로써 강낭콩은 땅을 비옥하게 하고, 옥수수의 줄기는 강낭콩의 지지대가 돼주며, 호박잎은 땅을 빽빽하게 뒤덮어 땅의 습도를 유지하고 침식을 막는 역할을 하는, 완벽한 조합이 완성된다. 이 세 식물은 그 자체로 하나의 작은 생태계를 형성하는 것을 넘어서서 인간에게 균형 잡힌 식생활을 제공한다. 강낭콩은 옥수수에 유일하게 없는 두 개의 산화 아민을 함유하고 있기 때문이다. 이와 같은 놀라운 삼위일체는 나우아틀어로 '밭에 뿌려진 씨앗들'을 의미하는 밀파(Milpa, 화전에 다양한 종자들을 한꺼번에 심어 수확하는 농업-역주)의 형태로 미대륙 전역으로 서서히 확산해 나갔다. 이 덕분에 남부의 뜨거운 땅에서 배를 굶주리며 살아가던 농부들은 처음으로 배불리 먹을 수 있게 됐다.

기원전 1200년 무렵, 북부의 메마른 땅에서 수렵과 채집으로 살아가던 한 유랑 민족이 남부로 건너와 이 농부들과 섞였고, 풍부한 식량을 바탕으로 사회적 피라미드를 형성했다. 여기서 중앙아메리카 최초의 문명인 올메카 문명이 탄생했다. 역사는 그렇게 시작됐다. 그러나

피로를 풀어주고 '도시를 통치하는 사람들'의 심장을 강하게 만드는 식물

올메카 문명에 대해서는 오늘날 알려진 바가 거의 없다. 17개의 거대한 석조 두상만 남아있을 뿐이다. 아시아인의 모습을 한 이 신비로운 아기의 얼굴들은 베일에 싸인 올메카 문명을 상징한다.

아스테카의 멸망

그러나 올메카 문명인들은 최초의 피라미드와 최초의 비석을 세웠으며, 최초의 신들을 숭배했고, 최초로 인간을 제단에 바쳤고, 심지어 마야 문명의 문자에 영감을 줬을 가능성도 있다. 올메카 문명은 그 후 수백 년 지속되다가 알 수 없는 이유로 사라졌다. 그러나 한 번 지펴진 중앙아메리카 문명의 불씨가 쉽게 꺼지지는 않았다. 적어도 콩키스타도르(정복자라는 뜻으로, 16세기 초에 멕시코와 페루를 정복한 에스파냐인들-역주)가 들이닥치기 전까지는 말이다.

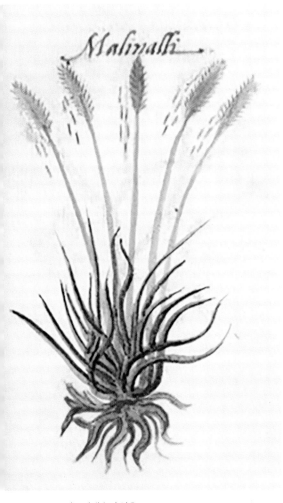

쥐꼬리새속의 잎은
무기력증과 눈 떨림을 완화한다.

그 뒤로 2,000년 동안 모든 평원과 계곡과 고원에서, 도시가 건설되고 번성하고 이웃 도시와 싸우고 사라지기를 반복했다. 650년경에는 테오티우아칸과 몬테 알반, 사포테카 문명이, 900년경에는 마야의 도시들이 있었다.(3) 지금은 공사가 중단된 듯한 부지와 궁전 벽에 그려진 그래피티, 그리고 방화와 폭동의 흔적과 왕족 학살의 증거만 남았다. 그곳은 폐허뿐이다. 고도로 발달한 문명, 경쟁, 계급사회, 절대권력자들, 너무 커진 도시와 너무 높은 피라미드. 이 모든 것은 척박한 환경 속에서 점점 더 많은 노동을 했던 농부들의 희생 덕분에 가능했다. 화전 농업에 기반한 '밀파'는 땅의 재생 주기를 매우 길게 잡아야 했다.

인구가 수만 명 심지어 수십만 명이 넘는 도시 여러 개를 먹여 살리기 위해 계속해서 농사를 짓다 보면 결국 숲은 사라지고 땅은 메마르고 생태계는 파괴됐을 것이다. 그러면 기근이 닥치고 폭동이 일어나고, 그러다가 가뭄이라도 한 번 들면 도시는 멸망했을 것이다. 결국 도시에 살던 사람들은 자연으로 되돌아갔다. 그들은 감당할 수 있는 크기의 공동체를 다시 만들고, 옥수수와 강낭콩으로 배를 채우는 생활로 돌아갔다. 아스테카 문명의 마지막은 마야 문명의 마지막보다는 덜 복잡했다. 그 마지막을 함께 한 사람은 바로 에

이 식물의 껍질과 뿌리에 밀랍과 달걀노른자를 섞으면 상처를 치료할 수 있다.

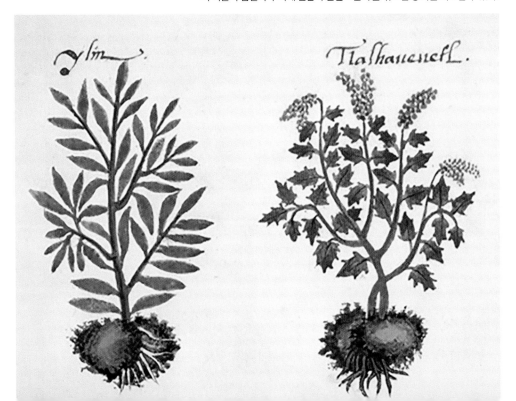

르난 코르테스였다.

아스테카인들은 북부의 사막지대에서 왔다. 1345년경에 중앙고원의 호수 섬에 정착해 그곳에 수도인 테노치티틀란을 세운 아스테카인들은, 주변 지역을 무력으로 정복해 통일된 왕국을 건설하고 조세를 징수했다. 아스테카인들은 인신공양에 특히 열중했다. 그들은 지금까지 4개의 문명과 그 각각을 지키는 4개의 태양이 있었고, 그 태양들은 모두 멸망했으며 자신들은 5번째 태양의 세상에서 살고 있다고 믿었다. 그리고 앞선 4개의 문명처럼 이 문명도 곧 사라질까 두려워했다. 또한 제5의 태양 시대가 시작했을 당시에는 아무것도 움직이지 않았지만, 몇몇 신이 심장과 피를 바치자 비로소 움직임이 시작됐다고 믿었다. 따라서 이 사회를 지속시키려면, 계속 인간을 제물로 바쳐야 한다는 논리였다. 물론, 지금으로서는 이해하기 힘든 발상이다.

1519년, 샤를 퀸트에게 충성하던 스페인의 콘키스타도르 에르난 코르테스는 이 지역을 점령하면서 근대주의를 퍼뜨렸다. 도대체 어떤 운명의 저주 때문에 아스테카인들은 코르테스를 그토록 기다리던 케찰코아틀로 착각했던 것일까? 아스테카왕국 제9대 수장인 모크테수마는 코르테스에게 설탕 없이 향신료와 바닐라를 넣고 카카오를 차갑게 우린 음료, 쇼콜라틀(Xocolatl)을 대접했다. 아마 코르테스는 그 음료보다 음료가 담긴 황금 잔에 더 눈길이 갔을 것이다. 스페인 사람들은 곧 본색을 드러냈고, 아스테카인들은 그들이 신과 무관하다는 사실을 깨달았다. 그리고 전쟁이 시작됐다. 베르날 디아스는 이 전쟁의 결말을 다음과 같이 묘사했다. "길바닥에는 시신이 즐비했고, 참을 수 없을 정도의 악취가 진동했다."(4)

아스테카 문명의 비밀을 찾아서

아스테카인들, 그리고 그전에 마야인들은 아코디언처럼 접힌 고문서(codex)에 그들의 과거, 지식, 노래를 문자와 그림의 형태로 기록했다. 화가이자 조각가인 알브레히트 뒤러는 이 제본된 수사본의 그림을 보고 매우 깊은 감명을 받았다고 한다. 반면 디에고 데 란다 주교는 완전히 다른 반응을 보였는데, 1566년에 쓴 『유카탄반도 물건들의 관계』에서 이렇게 썼다. "그 책들은 온통 미신과 사탄의 거짓말로 가득해서 우리는 그것들을 모조리 불태워버리라고 지시했다."

고문서에는 수수께끼도 나온다. "끝부분에 흰 머리카락이 있고 초록색 깃털이 나는 것은?" 답은 양파다. 수도가 함락되고 책들이 불태워지고 주민들이 죽임을 당한 후에, 학자들은 사라진 문명의 비밀을 찾는 작업에 착수했다. 일부 원주민들도 작업에 힘을 보탰다. 스페인이 침공하기 전, 한 원주민 의사는 허브를 이용한 치료법을 고문서에 기록했다. 그는 아스테카인들이 치료에 사용하던 허브의 종류를 조사한 뒤 각 허브의 모양과 색깔을 놀랍도록 상세하게 그렸다. 우리는 이 의사의 세례명인 마르틴 데 라 크루스밖에 알지 못한다. 그는 아마도 아스테카의 귀족 아이들을 교육하고 전도하기 위해 스페인의 부왕이 만든 산타크루스 학교의 의뢰를 받아 이와 같은 작업을 했을 것으로 추정된다.

그러나 이 아이들의 대부분은 천연두에 걸려 죽었다. 고문서는 처음에는 나우아틀어로 쓰였다가 1552년 후안 바디아노라는 인물에 의해 라틴어로 다시 작성됐는데, '원주민 출신'이라는 수사본의 기록으로 미뤄볼 때 그는 산타크루스 학교에 다니던 어린 아스테카 학생이었을 것이다. 비록 나우아틀어로 쓰인 원본은 소실됐지만, 『Libellus de medicinalibus indorum herbis(원주민 약초 사전)』은 『크루스-바디아노 고문서』라는 제목을 달고 바다를 건넜다. 이 책은 스페인 왕족의 손을 거쳐 주교의 서재로 들어갔고, 그 뒤로 바티칸의 기록 보관소에 오랫동안 묻혀 있다가 1929년에 드디어 세상으로 나왔다.

아스테카인들의 의학, 과학, 예술 수준을 보여주는 이 살아있는 증거물 속에는 총 250종의 식물이 있다. 그중 아가베, 미모사, 카카오, 바닐라, 독말풀, 서양 가새풀 등 185종은 삽화도 있다. 28페이지에 수록된 아킬레아의 끝이 뾰족한 나뭇잎과 산형화서는 그 표현의 정교함이 놀라울 정도다. 아킬레아라는 이름은 아킬레우스가 다친 적을 치료하는 데 이 약초를 사용했다고 말한 데서 비롯됐다고 한다. 아스테카인들은 이 풀을 '땅의 깃털(Tlalquequetzal)'이라고 불렀는데, '원주민 출신' 작가의 그림에는 이런 느낌이 아주 강렬하게 살아있다.

'옥수수 없이는 국가도 없다'

이 책에 나오는 모든 풀을 알 수는 없다. 옥수수와 강낭콩이 있는지도 확신할 수 없다. 그러나, 그런 것은 중요하지 않다. 원주민들은 그들의 도시, 신, 책을 잃고도 케찰코아틀의 선물만은 잃지 않았으니까. 옥수수와 강낭콩이 그것이다. 모크테수마와 멕시코가 원주민을 학살해도, 자급자족을 가능하게 해주던 '밀파'의 농부들이 전쟁과 혁명 속에서 사라져가도, 원주민들은 옥수수와 강낭콩을 끝까지 지켰다. 그러나 현대경제의 사도들은

'도시를 통치하는 사람들'만 사용할 수 있는 기타 식물

새로운 법칙을 만들었다. 자급자족은 수익을 제한하고 제5의 태양을 위협하므로, 제단에 살아있는 인간의 심장을 바치는 것이 아니라, 자유무역을 해야 한다는 것이다.

1994년, 북미자유무역협정(NAFTA)이 체결돼 멕시코, 미국, 캐나다 간의 무역 장벽이 철폐됐다. 그 결과 미국의 옥수수가 시장으로 쏟아져 나와 옥수수 가격이 폭락했다. 멕시코의 농가들은 비료, 살충제, 정부 지원금으로 무장한 북미의 거대한 옥수수 농장들과 경쟁할 수 없었다. 한순간에 실업자 신세가 된 수백만 명의 멕시코 농부들은, 관세 면제 혜택을 받으며 멕시코의 저렴한 인건비를 이용해 돈을 버는 다국적 기업(maquiladoras)에 들어가 미국 이민만을 유일한 희망으로 품고 살아야 했다. 멕시코의 농업 생산 기반은 이렇게 무너졌다.

역사상 최초로 멕시코는 옥수수를 수입해야 하는 상황에 놓였다.(5)

옥수수 가격이 폭락한 다음에는 가격 폭등이 이어졌다. 2007년은 '토르티야 위기'의 해였다. 리오데그란데의 남부에서 기근이 발생했고 모든 부는 북부에 집중됐다. 대규모 시위대의 깃발에는 다음과 같은 문구가 쓰였다. 'Sin maiz no hay(옥수수 없이는 국가도 없다)' 그렇다면 강낭콩은 과연 무사했을까?

그 미국 놈은 특허를 가지고 있다고!

1990년대에 래리 프록터는 멕시코의 시장에서 다양한 종자가 섞여 있는 강낭콩 한 포대를 사서 미국 콜로라도로 돌아와 포대에서 노란 강낭콩만을 골라 땅에 심었다. 프록터는 이 작업을 단 두 번 반복하는 아주 간단한 선택 과정을 거쳤다. 음식으로 치면 파인다이닝에 나올 법한 요리를 패스트푸드로 만들어 내놓은 것과 같았다. 이렇게 노란 강낭콩을 두 번 수확한 프록터는 노란 강낭콩에 대한 특허를 출원했다.

- 특허라고?
- 네가 그것을 발명했고 그것이 네 소유라는 사실을 적어 놓은 문서 말이야.
- 그 미국 놈이 노란 강낭콩을 발명했다고? 노란 강

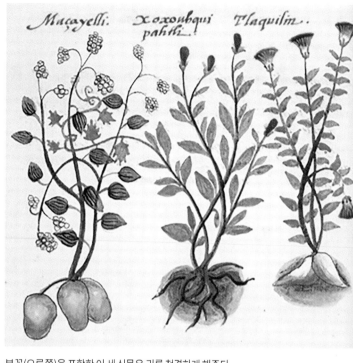

분꽃(오른쪽)을 포함한 이 세 식물은 귀를 청결하게 해준다.

이 선인장에 꿀과 달걀노른자를 섞으면 소염 효과가 있다.

낭콩은 우리가 올메카 문명 때부터 길러오던 거잖아!

- 그런데 그걸 어떻게 증명해? 그 미국 놈은 특허를 가지고 있다고!

'Pobre Mexico, tan lejos de Dios y tan cerca de los Estados Unidos(신과는 멀리 있고 미국과는 가까운, 불쌍한 멕시코)'라고 멕시코인들은 한탄했다. 다시 한 번 온 세상이 무너지는 것 같았다. 우리는 강낭콩의 '지적 재산권'을 주장할 수 있는 동시에 그것을 잃어버릴 수도 있는 것이었다. 그러나 멕시코에는 노란 강낭콩이 30종도 넘게 존재했고, 식물학자들은 1만여 종의 강낭콩 (Phaseolus vulgaris) 가운데 노란 강낭콩의 특성을 종자별로 세심하게 분류해 놓았다. 그런데 그 미국 놈은 특허 출원서에 단순히 '노란 강낭콩'이라고만 썼고, 워싱턴의 특허청은 이를 있는 그대로 받아들였다.

프록터는 미국에서 판매되는 노란 강낭콩에 대해 22%의 로열티를 주장했다가 여론의 반대에 부딪히자, 멕시코산 노란 강낭콩의 수입을 중단시키고 소송에 돌입했다. 그 여파로 멕시코산 노란 강낭콩의 판매량은 급락했고, 전 세계인들은 '생물 해적행위(Biopiracy)'라는 신조어를 알게 됐다.(6) 노란 강낭콩은 생물 해적 행위의 상징으로 떠올랐다. 치열한 법정 싸움이 계속됐다.

이 소송은 10년 동안이나 지속돼 총 5번의 판결이

나왔고 수만 달러의 변호사비가 지출됐지만 결국 특허는 취소됐다. 프록터는 더 이상 노란 강낭콩에 대한 로열티를 받지 않는다. 그러나 전쟁은 끝나지 않았다. 전쟁은 여전히 곳곳에서 일어나고 있으며, 생물에 대해 특허를 출원해 자연을 개인 소유화하려는 시도는 계속되고 있다. 오늘날 멕시코는 전세계에서 옥수수를 가장 많이 수출하는 국가다. 신과 화산이 잠에서 깨어날 만큼 놀라운 일이다.

우리는 이 땅을 빌려 쓰고 있다네

그렇다면 신과 화산이 잠에서 깨어나기를 기다리면서 우리는 무엇을 해야 할까?

이 질문에 15세기의 한 아스테카 시인은 이렇게 답했다. "노래하고, 노래하고, 또 노래하라. 노래는 곧 구원이리니. 그리고 노래는 아름다움을 숭배하는 일이리니." 그러나 이것만으로는 충분하지 않을 수도 있다. 그래서 일부는 에밀리아노 사파타(멕시코의 혁명가-역주)의 귀환을 꿈꾼다. 멕시코에서는 유령의 힘이 다른 어떤 곳보다도 세다. 어떤 이들은 샤를 도를레앙과 동시대에 살았던 아스테카의 왕이자 시인 네사우알코요틀이 남긴 말을 기억한다. "오 나의 친구들이여. 우리는 이 땅을 잠시 빌려 쓰고 있을 뿐이라네."

멕시코인들은 밀파의 전통을 이어받은 후손이다. 다양한 작물을 동시에 재배하면서, 그들은 과학과 전통 지식의 만남, 그리고 농업에 기반한 사회 구조를 유지하는데 필요한 식량 주권을 꿈꾼다. 2022년에 유엔 식량농업기구(FAO)는 이 밀파 문화를 세계중요농업유산제도에 등재했다.(7) 우리는 밀파를 연구하고 보완하는 한편, 소규모의 목축업을 유지하고 생태계를 풍성하게 하는 데 필요한 향료 작물과 사료작물에 관한 조사를 추가하고, 기본으로 돌아가자는 취지의 혼농임업(Agroforestry)과 밀파를 접목한다. 밀파는 사람들이 적당한 규모의 농장을 운영하면서 균형 잡힌 식생활을 유지할 수 있게 도와줄 뿐만 아니라, 농업생태학의 상징과도 같다.

마크 뒤퓌미에는 이런 이론과 실제를 조합하면 90억 인구도 충분히 먹여 살릴 수 있다고 주장했다. "밀파는 매우 똑똑한 농업이다. 밀파는 농부들이 대를 이어 축적한 노하우의 집합체로, 사라진 다양한 종자들을 다시 경작할 수 있도록 지원하며, 무엇보다도 과학적 연구에 기반해 있다. 과학적 연구는 토양의 생물학에 관해 이미 수많은 성과를 냈고, 앞으로도 계속해서 중요한 역할을 수행할 것이다."(8)

지금 우리 눈앞의 상황은 대단히 부당해 보이지만, 또 누가 알랴? 케찰코아틀에게 아직도 할 말이 있을지. 사파타도 마찬가지고. **ID**

글·알랭 아마리글리오 Alain Amariglio
엔지니어, 교사, 작가. 최신작으로는 질 클레망이 서문을 쓴 『Des plantes et des hommes 식물과 인간』(éditions du Canoé, Paris, 2023)이 있다.

번역·김소연
번역위원

(1) 우리가 아는 대부분의 강낭콩은 학명이 Phaseolus vulgaris인 강낭콩의 재배품종(선택된 품종)이다.
(2) 실제로는, 콩과 식물의 뿌리에 공생하는 박테리아가 질소를 고정하고, 이 박테리아는 광합성 과정에서 만들어진 식물의 당을 소비한다.
(3) '옥수수의 민족'
(4) Bernal Díaz del Castillo, 『Histoire véridique de la conquête de la Nouvelle-Espagne 누에바에스파냐 점령에 관한 진짜 이야기』, La Découverte, Paris, 2009.
(5) Karen Lehman, Au Mexique, les fausses promesses de l'Alena 북미자유무역협정(NAFTA)의 거짓된 약속, <르몽드 디플로마티크> 프랑스어판 1996년 11월호
(6) Cf. 마리모니크 로뱅(Marie-Monique Robin)의 다큐멘터리 <Les moissons du futur 미래의 수확물>(2012)
(7) 세계중요농업유산제도(Globally Important Agricultural Heritage Systems, GIAHS), FAO, https://www.fao.org/giahs/fr/
(8) Marc Dufumier, 『50 idées reçues sur l'agriculture et l'alimentation 농업과 식량에 관한 50가지 고정관념』, Allary éditions, Paris, 2014

※ 이 기사의 삽화들은 아스테카인들이 사용했던 약초와 그 효능을 정리한 마르틴 데 라 크루스의 식물도감에서 가져왔다. 도감에 나오는 식물의 대부분은 오늘날 확인되지 않는다. 삽화 설명문은 1939년에 윌리엄 게이츠가 영어로 번역한 것이다. 현재 이 삽화들은 멕시코 국립 인류학 박물관의 컬렉션에 포함되어 있다.

국민을 감시하는 지능형 CCTV의 공작술

지난 겨울, 프랑스 국회는 2024년 파리 올림픽에서 대중의 움직임을 예상하기 위해 자동화 CCTV를 합법화하는 법안을 검토했다. 하지만 국민을 감시하는 IT기술은 이미 존재한다. 제조업체를 찾아 이 기술의 구체적인 작동방식을 알아봤다.

토마 쥐스키암 ▌기자

'XII'사의 기술이사 수하일 아눈은 "저는 '자동기술을 통한 인간화'라고 부르겠습니다. 인공지능이 우리에게 좀 더 인간다운 일에 투자할 시간을 벌어주는 방법이지요"(1)라고 자사 비디오 분석 프로그램의 장점을 홍보하면서 자기 말에 모순이 있다는 점에는 그다지 신경 쓰지 않는 것 같다. 그의 동료 윌리엄 엘딘은 "이 기술의 마술적인 특징은 한계가 없다는 점입니다. 굳이 따지자면 인간 상상력의 한계가 제한점이라고 할까요"라고 한발 더 나아갔다. 그가 감탄하는 '마술적 특징'이란 무엇일까? 바로 컴퓨터 영상으로, 알고리즘이 자동으로 카메라 이미지 픽셀을 처리해 다양한 정보를 추출한다.

몇 년 전 도시 보안 설비 시장에 진입한 신생 기업들은 지능형 CCTV 기술을 활용한 카메라로 혁신을 일으키려는 참이다. 이 기술은 도시를 "더욱 안전하고 지속 가능하고 살기 좋은 곳"으로 만들겠다며 혼잡한 대중교통을 해결하고 교통 정체를 해소하고 공공조명 사용 에너지를 90% 절약한다고 선전한다.

이 기술은 또 군중 속에 잃어버린 아이를 찾고 길에서 심근경색을 일으킨 사람을 발견하고 화재 진원지를 파악해 화재를 예방할 것이라고도 약속한다. 이들 업체는 프랑스 공공장소에 배치된 CCTV 100만 대(2)가 정보의 보고라고 여긴다. 윈틱스사의 퀑탱 바렌이 자랑하듯 "사회적 고부가가치"(3)가 있는 그들의 제품을 구매해 설치했을 때 말이다.

그런데 이 기술을 실제로 누가 사용하는지, 이 기술은 정확하게 어떤 수요에 부합하는지 짚어봐야 한다. 모든 일은 1991년 프랑스 르발루아페레에 일반 CCTV가 처음 설치될 때부터 시작됐다. 1995년에 법제화되고 공공지원 대상(4)이 된 CCTV의 보급 이후 이 시장은 점점 성장해, 2021년에는 매출이 17억 유로(5)에 달했다. 이 시장이 커지는 데에는 CCTV가 범죄율을 낮출 것이라는, 근거는 없지만 굳건한 신뢰가 한몫했다.

CCTV가 얼마나 범죄를 예방할까?

프랑스 등에서 이뤄진 연구 결과를 보면,(6) CCTV는 범죄수사를 해결하거나 강력 범죄, 마약 관련 범죄, 공공질서 위반 발생률을 크게 줄이지 못했다. 여러 치안 조직(민간기업이나 국가기관, 지자체 소속 경찰) 간 공조 부족, 영상의 낮은 품질, 엉뚱한 곳을 향한 카메라와 더러운 렌즈 등 이유는 다양하다.

그러나 가장 큰 문제는 방대한 양의 영상에 비해 턱없이 부족한 조사인력이다. 영향력 있는 프랑스 전국보안기술협회(AN2V)의 협회장인 도미니크 르그랑은 "프랑스 남부 리옹의 파르디외역을 봅시다. 카메라가 600대나 있지만, 모두 챙겨볼 수 있는 인력이 없습니다"라며 "카메라 600대에서 받은 영상으로 무엇을 하겠습니까? 선택지 하나, 아무것도 하지 않는 것입니다. 선택지 둘, 자동화 기술을 활용해 가령 뛰는 사람을 화면에 띄울 수 있습니다"(7)라고 설명했다.

새로운 자동화 기술의 사용법을 파악하고자, 기자

<비디오 감시 카메라를 새 오두막으로 교체>, 2022 - 캉탱 포콩프레&시릴 데드로사

는 한창 확장 중인 이 사업 부문의 주요 업체에서 몇 달 동안 근무했다. 딥러닝기술과 강력한 데이터베이스를 활용한 소프트웨어는 인간의 다룰 수 있는 능력을 훨씬 초과하는 양의 정보를 처리한다. 작동원리는 간단하다. 엔지니어들은 엄선된 사물(자동차, 자전거, 인간, 스쿠터 등)을 다양한 상황에 놓고 전 방향에서 바라본 모습을 이미지로 프로그램에 입력한다. 오류 발생률을 낮추려고 기술자가 사물이 나타났을 때 해당 이미지를 표시함으로써 알고리즘을 '보조'한다. 이런 데이터 입력 작업이 완료되면 소프트웨어를 CCTV 시스템에 연결한다. CCTV의 시야에 어떤 사물이 지나가면 이 사물을 감지하고 분류하고 추적하는 세 가지 활동으로 연결될 수 있다.

이 도구는 대표적으로 두 가지 유형의 소비자에게 청구권을 행사하는데, 그들만 해도 전체 CCTV 시장의 절반 이상을 차지한다.(8) 우선 항공, 철도, 관광지, 항구, 공장, 경기장, 사무실, 주차장 관리소, 창고 등으로 이뤄진 대기업군이다. 또 다른 소비자는 도시관제센터(CSU)가 있는 도시 지자체들이다. CSU에서는 지자체에 설치된 CCTV에서 수집한 각종 영상을 종합한 십여 대의 화면을 분석가들이 현행범 색출을 위해 실시간으로 감시한다. 또한 영상을 바탕으로 한 조서 작성, 순찰팀 배치 가이드 수립, 경찰의 표적 수사 지원도 맡는다.

실무적으로 봤을 때 이 소프트웨어 개발자들은 우선 지자체 경찰이나 CSU가 사용할 때를 염두에 둔다. 판매 전략도 이들의 마음을 사로잡는 것이 먼저다. 비싼 장비를 새로 살 필요 없이 이 프로그램을 기존 CCTV 네트워크에 맞게 변용하고, 반드시 있어야 하는 영상관리시스템(멀티스크린과 데이터 아카이브 운영) 등 다른 소프트웨어로 보완하면 된다고 설득한다. 그런데 잠재적 소비자층을 감동시키는 점은 따로 있다. 바로 손쉬운 사용 방법이다. 한번 프로그램을 설치하면 작업자가 몇 번의 클릭만으로 네트워크에서 사용가능한 CCTV를 선정하고 거리나 교차로를 화면에 띄우고 시야의 일정 구역을 설정하고 드롭다운 메뉴에서 분석하고 싶은 사물을 하나 이상 선택할 수 있다.

지능형 CCTV 알고리즘의 압도적인 장점은 미리 설정됐거나 바로 사용할 수 있는 사례가 있을 때 사건 감지가 된다는 것이다. 예를 들어 대부분의 개발업체가 제공하고 경찰이 특히 유용하게 사용하는 '농작물 절도'나 '장기간 머무름 감지' 기능을 살펴보자. CCTV가 설치된 공간에서 사전에 구역을 설정하고 '사람'을 대상으로 선택하고 시간(5분)을 입력한 후 확인을 클릭한다. 실시간 알람이 작업자 인터페이스에 뜨고 현장 상황이 화면에 표시된다. 노점상인(파리에서 조서 작성이 세 번째로 많은 위법행위로 2022년 10월 31일 기준 벌금 선고 9,237건)과 상업지구에서 구걸하는 걸인 등을 신속하게 파악하는 데 최적이다.

우파는 치안,
좌파는 스마트시티 기능에 더 관심

일부 기업들은 새로운 시장의 지분을 차지하고자, 지자체의 다른 문제에 맞춰 소프트웨어 기능을 수정했다. 프랑스 낭트 광산통신연구공과대학(IMT) 교수인 플로랑 카스타니노는 지능형 CCTV의 사용처를 다각화하면서 이 기술은 "쓰레기, 도로 상황, 교통사고, 녹지대 등 도시 관리를 위해 모든 일을 처리할 수 있는 도구"가 됐다고 했다. 우파나 극우 성향의 지자체는 치안을 우선시하는 반면, 중도나 좌파 성향의 지자체는 소프트웨어의 '스마트 시티' 기능 활용에 더 관심이 많다. 후자에 속하는 파리 시청은 자체 홈페이지에 '수집된 통계자료로 실시간 교통량을 파악해 정체를 사전 방지한다'고 홍보한다.

사람들은 카메라의 원래 기능이 '감시'라는 사실을 쉽게 잊는다. 시장 주요 업체들이 제공하는 기능을 살펴보면 치안 유지와 불법행위 방지용 목적이 압도적이다. 쓰레기 무단투기(2022년 10월 31일 조서 기준 2만 3,388건), 집회나 집결, '비정상적'으로 긴 체류 시간, 방치된 화물, 건물 무단 침입, 무리의 이동, 난투극 등을 감지하거나 일련의 도로교통법 위반, 즉 정차 신호 무시, 허락되지 않은 도로 사용(2022년 11월 파리 기준 킥보드 대상 범칙금 부과 488건), 역주행, 일부 차량의 불법

주행, 불법 주차(2020년 파리 기준 범칙금 부과 80만 8,627건)를 파악한다.

물론 법적으로 AI가 인간에게 불법 여부를 따질 수는 없고 경찰이 위반 사실을 확인해야 하지만, 일부 CSU에서는 '블랙 스크린' 기술을 활용해 법을 우회하고 있다. 이 기술을 사용하면 더 이상 10여 대의 스크린을 살피면서 도로교통법 위반 행위를 감시할 필요가 없다. 경찰이 전략 구역에서 '불법 주차'나 '신호 준수' 등의 기능을 활성화해놓고 블랙 스크린이 켜지기를 기다리면 된다. 스크린이 켜지면 방금 불법행위가 발생했다는 뜻이다.

이 자동화시스템은 위반 조서 작성에 필요한 모든 정보, 즉 위반 유형, 차량 정보, 위반 시점 등을 자동으로 입력해준다. 자동차번호판자동인식 소프트웨어는 원래 사용 목적이 이것이 아니었음에도 불구하고(9) 업무 처리를 더 쉽게 해준다. 지능형 CCTV는 위반 행위를 자동으로 파악해 처리할 뿐만 아니라 이렇게 발생한 범칙금을 계산해 투자 대비 효율까지 산출해준다. 지자체의 입맛에 딱 맞는 제품의 특징이다.

'XXII'나 윈틱스 등의 업체가 '스마트 시티' 시장에서 정당하지만 애매한 입지를 차지하고 있다면, 다른 업체들은 치안 부문에 전문화됐다. 2022년 11월 15일 파리에서 열린 보안기술박람회에서 필립 라통브 하원의원은 "AI가 사람을 파악하고 특성을 포착해 카메라를 바

꿔가며 그 사람을 추적해야 합니다"라고 설명했다. 명색이 개인정보보호감독기구인 국가정보자유위원회(Cnil) 소속 회원인 라퉁브 의원은 이렇게 주장했다. "우리에게 필요한 기능은, 단순히 방치된 가방이 있다거나, 180cm의 키에 흰 셔츠, 파란 자켓, 청바지를 입은 남자가 있다고 알려주는 게 아닙니다. 대상의 위치와 경로를 정확하게 파악하는 능력입니다."

치안? 감시?
혁신의 씁쓸한 측면

프랑스 시장에서 눈에 띄는 업체는 프랑스업체인 '투아이(Two-i)'와 이스라엘 경쟁사 '브리프캠(Briefcam)'이다. 캐논 그룹이 인수한 브리프캠은 프랑스 도시 약 200곳에 설치돼 있다. 각 업체는 개인 식별과 행동 분석을 중심으로 한 기능을 제안한다. 브리프캠이 제공하는 '사람'에 적용 가능한 필터는 꾸준히 늘어나고 있다. 소프트웨어는 카메라 앞을 지나간 사람이 남자인지 여자인지 어린아이인지, 옷소매가 긴지, 겉옷이 무릎 아래로 내려왔는지, 모자나 발라클라바(머리와 얼굴을 완전히 덮고 눈만 보이는 방한용 모자)나 마스크를 썼는지, 핸드백을 들거나 백팩을 메거나 캐리어를 끌고 있는지 파악한다. 보다 정확한 검색 결과를 얻기 위해 일부 특성에는 색상(미리 설정된 14개)을 지정할 수도 있다.

브리프캠의 기능 중에는 '요약'도 있다. 몇 시간 분량의 영상을 신속하게 분석해 목표 인물(들)의 움직임을 몇 분으로 요약하는 것이다. 또한 감독자는 대상을 식별하기 위해 안면인식 기능을 사용할 수 있다. 이미지의 해상도가 충분하다면 목표 인물의 얼굴을 사진으로 받아 검색 데이터베이스에 가져와서 영상과 '안면 비교' 기능을 작동시키면 된다. 경찰이 목표 인물의 신원을 알고 있으면 프로그램이 사회관계망서비스에 게시된 사진을 가져와 얼굴을 비교할 수도 있다.

마지막 수단으로 프랑스 정부가 보유한 개인정보 파일 1,900만 개(그중 사진만 900만 장)와 전과기록(10)을 동원할 수 있다. 프로그램 개발업체들은 불시 검열이 있을 경우 생체정보를 삭제하는 명령어도 마련해놓고 있다. 정부는 전자 감시 도구를 보급할 기회를 놓치지 않았다. 2022년 12월 22일 신속처리절차로 상정된 2024년 파리 올림픽 관

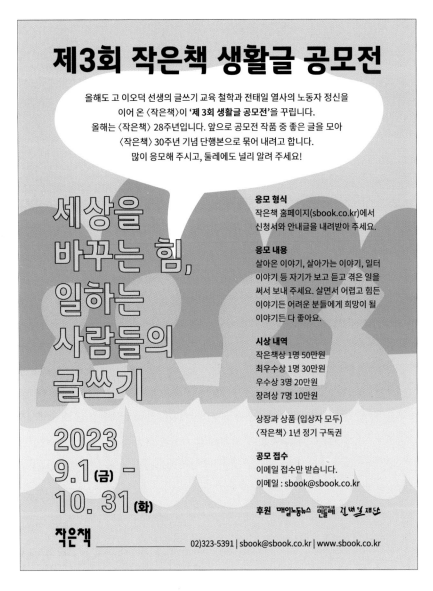

런 법안은 지능형 CCTV를 대규모로 테스트할 수 있는 길을 열었다. '밀집 군중 압사 사고 발견'이 명목이었다. 그런데 지난 백 년간 프랑스에서 압사 사고로 사망자가 발생한 적은 단 한 번, 2002년 브레스트 팽팰 전시장에서 열린 학생들의 파티 때였다.

　기술적, 제도적 '혁신'에는 쏩쏩한 측면이 있다. 치안 목적의 기능을 앞세우며 에너지 소비량이 많은 정보 기술인프라로 더 친환경적인 도시를 만들겠다는 목표(11)는 프로그램 개발자들이나 지방자치단체장들이 함께, 공익 차원에서 받아들이기 어려운 퇴보, 그러니까 국민의 일거수일투족을 도처에서 상시 감시할 수 있는 물리적 조건을 만드는 경찰 감시능력의 확대를 정당화하는 수단이다. 강한 침습력과 다양한 기능을 갖춘 중국의 전자 감시장치(12)는 자유민주주의에 대한 위협으로 느껴진다. 그러나, 행동 감시 시스템 도입은 한층 더 가까워졌다. **ID**

글·토마 쥐스키암 Thomas Jusquiame
기자

번역·서희정
번역위원

(1) Souheil Hanoune, 'L'évolution de notre société passera par l'IA 사회의 진보는 인공지능으로 이뤄질 것이다', www.science-et-vie.com, 2022년 7월 24일.
(2) AEF info, 속보 n°212172, www.aefinfo.fr, 2012년 6월 21일.
(3) 'Intelligence artificielle : comment Wintics exploite le potentiel de la vidéo-surveillance ? 인공지능: 윈틱스는 CCTV의 잠재력을 어떻게 활용하는가', bigmedia.bpifrance.fr, 2022년 11월 8일.
(4) Antoine Courmont & Jeanne Saliou, 'La vidéosurveillance en France : des zones urbaines aux zones rurales 프랑스 CCTV 현황: 도시와 지방', linc.cnil.fr, 2021년 11월 19일.
(5),(8) 'Pixel, le guide des technologies de sûreté 2022 픽셀, 2022년 치안 기술 가이드', Association nationale de la vidéoprotection, L'Arbresle, 2022년.
(6) AEF info, 속보 n° 663759, www.aefinfo.fr, 2021년 12월 10일. ; 감사원, '지방자치단체 경찰' 주제별 공공보고서, Paris, 2020년 10월. / Eric L. Piza & al., 'CCTV surveillance for crime prevention. A 40-year systematic review with meta-analysis', <Criminology and public policy>, Ohio State University, Vol. 18, n°1, 2019년 2월.
(7) 'Le nouveau business de la vidéosurveillance algorithmique automatisée 자동화된 지능형 CCTV의 새로운 비즈니스', NextImpact.com, 2022년 5월 9일.
(9) 'Verbalisation par lecture automatisée des plaques d'immatriculation (LAPI) : la CNIL met en garde contre les mauvaises pratiques 자동차번호판자동인식 프로그램을 통한 조서 작성: CNIL이 잘못된 사용법에 주의를 촉구하다', www.cnil.fr, 2020년 8월 25일.
(10) La quadrature du Net, 'Le Conseil d'État sauve la reconnaissance faciale du fichier TAJ 국무원이 전과기록 서류의 안면 인식을 인정하다', www.laquadrature.net, 2022년 5월 3일.
(11) Denis Trystram, Romain Couillet, Thierry Ménissier, 'Apprentissage profond et consommation énergétique : la partie immergée de l'IA-ceberg 딥러닝과 에너지 사용, 인공지능이라는 빙하의 수면 아래 부분', www.theconservation.com, 2021년 12월 8일.
(12) René Raphaël & Ling Xi, 'Bons et mauvais Chinois 좋은 중국인, 나쁜 중국인', <르몽드 디플로마티크> 프랑스어판, 2019년 1월호.

프랑스의 강경 탄압, 데자뷔 2011년 영국 경찰

영국 사법의 '무관용'을 닮아가는 프랑스 법원

유죄 판결률 95%, 징역형 60%, 평균 형량 8개월 이상. 지난 7월 19일, 프랑스 법원은 올해 여름 초에 일어난 폭력시위에 관한 처분 결정을 내렸다. 약 600명의 시위 가담자들이 수감됐다. 이들의 운명은 어떻게 될까? 2011년 영국에서 일어난 폭동 시위 가담자들에게 가해진 탄압을 통해 대략 짐작할 수 있다.

트리스탕 드부르봉파름 ▌언론인

"피고는 공학도입니다. 열흘 후에는 시험도 봐야 합니다. 전과기록도 없습니다. 시험을 치를 수만 있다면 전자발찌 착용도 감수할 겁니다." 변호사가 이렇게 변론했다. 다음 사건으로 넘어가려는 찰나, 동료 변호사가 덧붙였다. "피고는 무슨 일이 일어났는지 보러 친구들과 가게에 들어간 것뿐입니다. 기자들이 현장을 취재하듯이 말입니다." 기자석에서 조소가 들려왔다. "피고는 자기 행동을 부끄럽게 여깁니다. 지역 봉사활동을 통해 반성하겠다고 합니다. 현재 대학교 2학년생인 피고는 백화점에서 일하며 수업료를 법니다. 그는 학업을 계속하기를 원합니다."

하지만 선처 요청은 수용되지 않았다. 재판장은 미결구금 명령을 내렸다. 두 청년 중 한 명이 허망한 표정으로 고개를 푹 떨궜다. 그의 어머니는 복받치는 눈물을 참으며 손으로 얼굴을 가렸다. "우리를 본보기로 삼으려는 겁니다." 다른 청년의 아버지가 말했다.

이 풍경은 올여름 초, 폭력시위 가담자들이 출두한 프랑스 법정에서의 재판인가? 아니다. 10여 년 전인 2011년 영국에서 있었던 재판이다. 영국 정부의 표현을 빌리자면 "공공질서의 혼란" 때문에 긴급히 진행된 재판이었다. 29세의 마크 더건은 그해 8월 4일 런던 북부 토트넘에서 타고 있던 택시가 정차한 직후, 가슴에 경찰이 쏜 총탄을 맞고 사망했다. 경찰의 감시 대상자였

던 그는 사망 당시 총을 소지하고 있었다. 이튿날, 더건의 가족과 지인들은 해당 지역 중앙 경찰서까지 행진하며 시위를 벌였다. 그날 저녁, 경찰관들은 돌멩이를 던졌다는 혐의로 16세 소녀를 구타했다. 사태는 점점 악화됐다. 경찰차 두 대가 불길에 휩싸였다. 폭력시위는 금세 인근 지역으로 번져나갔고 이튿날에는 버밍엄, 리버풀, 맨체스터 등 수도 외곽과 다른 주요 영국 도시로 확산됐다.

주홍색 죄수복으로 낙인 찍기

2011년 영국과 2023년 프랑스는 여러모로 닮았다. 10대 청소년의 죽음을 두고 "사회 질서를 붕괴하고 혼란을 일으키려는 시도"라며 부모의 책임을 요구한 프랑스 대통령의 6월 30일 발언이나, 폭도들에게 강경 대응해야 하며 관용을 보이지 말아야 한다는 제랄드 다르마냉 내무장관의 7월 3일 발언은 모두 12년 전 영국 총리의 발언을 연상시킨다. 2011년 8월 15일, 영국 보수당 데이비드 캐머런 총리는 "도덕적 붕괴가 무책임, 이기주의, 부주의, 사생아, 규율 없는 학교, 노력 없는 보상, 처벌 없는 범죄, 책임 없는 권리, 통제 없는 공동체를 만든다"라고 개탄했다.

그해 10월 초, 차기 총리가 되는 테리사 메이 당시

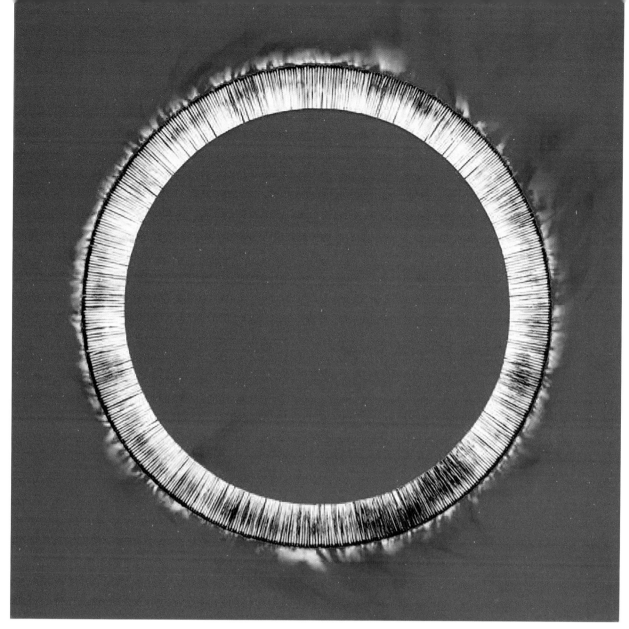

<불의 데생>, 2010 - 베르나르 오베르탱

내무장관은 단언했다. "올해 여름에 일어난 소요 사태는 빈곤이나 정치와는 무관하다. 무책임과 공짜 심리에서 비롯된 탐욕과 범죄의 문제였다." 당시 부총리였던 니컬러스 클레그 자유민주당 의원은 유죄 선고를 받은 사람들에게 주황색 죄수복을 입히고 봉사활동을 시키는 것을 해결책으로 제안했다. 거주지 내에서 범죄자 낙인을 찍자는 발상이었다.

최근 프랑스의 블랑메스닐(센생드니)에서는 폭력시위 가담자들을 더 굴욕적으로 대했다. 블랑메스닐의 시장은 "얼빠진 폭도들과 그 가족들은 피해 배상을 해야 합니다"라고 비난했고 개최일이 코앞으로 다가왔던 '메스닐 해변 축제'를 취소했다. 도시 여기저기에 부착된 홍보 포스터에는 "개최 취소. 예산을 절감해 폭동에 의한 피해 복구에 쓸 예정"이라는 문구가 적힌 노란색 스티커가 붙었다. 폭력시위에 화가 난 일부 주민들은 시장의 이런 대처에 불만을 나타냈다. "이건 부당한 처사입니다. 여기저기 방화를 저지른 자들 대신, 아이들을 데리고 해변 공원을 즐겨야 할 주민들이 대가를 치르고 있잖아요."(1)

청년들과 경찰 간에 빚어진 마찰로 여론이 점점 격앙됐고, 시간이 흐르면서 지역 사회 내에서 노동자 계층을 바라보는 시각도 달라졌다. 브리튼싱크스(Britain Thinks) 연구소는 여러 해 전부터 영국 사회의 계급 인식에 관한 연구를 발표했다. 2011년에 컨설팅 회사의 설문조사 책임자 데버러 매티슨은 "나는 1980년대 후반부터 사회 정체성 문제에 줄곧 같은 의문을 품어왔다"라며 "최근 '노동자 계층'이라는 구분이 모욕적인 말이 된 것 같다"라고 말했다.(2) 이런 경향은, 최근 10년 동안 눈에 띄게 강화됐다. 2021년 설문조사에 의하면, 응답자의 54%가 자신이 노동자 계층에 속한다고 인식했는데, 이는 2011년보다 8% 포인트 감소한 비율이다.

빈곤층 내에서도 분열이 일어난다. 빈곤지역 내 폭력에 관한 공무원들과 전문가들의 발언은 분열을 심화한다. 2018년에 실시된 연구에서는 다음과 같은 분석을 내놓았다. "폭동이 일어났을 때 정치인들은 으레 폭동에 연루된 사람들을 어떻게든 '타자'로 규정하려 한다. 선동적인 집회를 비이성적인 폭동으로 묘사하고, 시위대를 범죄집단으로 묘사하기도 한다."(3)

프랑스에서는 우려스러울 정도로 폭력시위 가담자들을 왜곡해 묘사했고, 그 과정에서 신분과 출신을 비방하기도 했다. 지난 7월, 프랑수아 자비에 벨라미(공화당)나 에리크 제무르(재정복당)와 비슷한 성향을 띠는 〈BFM〉과 〈로피니옹〉 등의 언론에서는 검거된 사람들의 이름들을 목록화해, 순위를 발표했다. 흔한 순서대로 보면 모하메드, 야니스, 엔조, 막심 등이다.(4)

생수 한 병 주웠다가 징역 6개월

하지만 〈텔레그래프〉 등 보수 일간지를 포함한 영국 언론의 논조에서는 프랑스와 차이를 보였다. 8월 12일, 〈텔레그래프〉의 논설위원 피터 오즈번은 폭동을 일으킨 이들은 엘리트들이 그동안 보여준 모습을 따랐을 뿐이라고 분석했다. 오즈번은 거짓말과 속임수가 용인될 만큼 영국의 엘리트 정치인들의 수준이 심각하게 떨어졌다고 비판했다.(5)

실제로 2009년, 국회의원들의 공금 유용을 폭로한 '경비 비리 사건'으로 실형을 받은 사람은 3명에 불과했다. 일례로 제럴드 카우프만 노동당 의원이 받은 처벌은, 국민 혈세로 뱅앤드올룹슨 텔레비전을 사는 데 쓴 8,750파운드(한화로 약 1,497만 원)를 환불한 것이 전부였다.

반면, 생수 한 병을 주웠다가 6개월 동안 감옥살이를 한 경우도 있다. 2011년, 전과가 없는 23세의 니콜라스 로빈슨은 몇 시간 전 강도사건이 난 상점 바닥에 떨어진 3.5파운드(한화로 약 5,000원)짜리 생수 한 병을 주웠다는 혐의로 6개월 징역형을 받았다.

〈가디언〉과 런던 정경대학은 폭력시위 가담자 270명을 대상으로 인터뷰를 실시한 연구 결과를 발표했다.(6) 2011년 12월에 발표된 이 보고서에 의하면 "경찰에 대한 분노가 팽배하며, 경찰관들이 평소 시위대를 대하는 방식에도 불만이 많았다." 조사 대상자의 73%가 지난 12개월 동안 경찰 검문을 받은 경험이 있다고 응답했다. 영국 전체 인구 중 경찰이 "잘하고 있다" 또는 "매우 잘하고 있다"라고 응답한 비율은 56%에 달했지만, 인터뷰 참가자 가운데 같은 응답을 한 비율은 7%에 그쳤다.

사회 여건도 주요한 요인으로 작용했다. 영국 인구의 경우 92%가, 인터뷰 참가자는 51%가 '사회에 융화돼 있다'라고 생각한다고 응답했다. 캐머런 총리는 2011년 8월 11일 연설에서 "범죄 조직이 폭동을 주동했고 경찰을 공격했으며, 약탈까지 조직적으로 지휘했다"라고 말했지만, 언론과 연구 조사에 의하면 범죄 조직의 역할은 미미한 수준이었던 것으로 나타났다.

영국의 독립 싱크탱크 국립사회연구센터(National Center for Social Research)가 2011년 10월에 정부의 관심을 촉구하고자 작성된 또 다른 분석 보고서는, 폭동 가담자들이 폭동을 '신나는 일', '공짜 물건을 얻을 기회', '경찰에 보복할 계기'로 여겼다고 주장했다.(7) 이후 2012년 3월에 정부와 야당이 구성한 '지역 사회와 피해자 좌담회' 결과 보고서는 다음과 같이 분석했다. "폭력시위에 가담한 청년들 중 대다수는 비행을 저지를 위험이 없는 이들인 것으로 나타났다. 즉, 상당수가 폭력시위에 휘말려 잘못된 결정을 내렸다는 것을 알 수 있다."(8)

프랑스의 상황도 크게 다르지 않을 것이다. 다르마냉 프랑스 내무부 장관은 7월 5일 상원 법사위원회에서 폭력시위가 일어난 날 밤에 체포된 사람의 60%는 전과가 없었다고 밝혔다.

"짭새 치킨" 한 마디에 12개월형

7월 중순, 프랑스 사법단체 소속 변호사 엘사 마르셀은 "프랑스에서 CCTV는 물론 SNS 게시물 검열을 통해 또 다른 차원의 체포가 이뤄질 수 있다"라며 우려를 표했다. 실제로 사셸과 생드니에서는 경찰이 SNS에서 수집된 자료만 가지고 꼭두새벽에 청년들이 사는 집을 급습하기도 했다. 약식재판이 끝나면 형량이 선고된다. 그런데, 그 과정이 공포전략이라 할 만큼 매우 모욕적이다.

보비니 지방법원 판사는 이렇게 말했다. "부모님이 당신을 자랑스럽게 여기실 것 같아요? 부끄러워하실 겁니다", "뭐든 다 배달해 주는 세상에, 왜 하필이면 폭동이 한창일 때 그리스 식당에 갔나요?", "당신의 정신 상태를 보니 실형이 마땅해 보입니다." 리옹에서는 과자와 주스, 시리얼을 훔친 혐의로 18세와 19세 청소년 4명이 최대 4개월의 징역형을 받았다. 낭테르에서는 20세 일리에스가 틱톡 라이브에서 "내일은 짭새 치킨 뜯는 날!"이라고 말한 혐의로 징역 12개월에 집행유예를 선고받았다.(9)

영국에서도 약식 재판이 이뤄졌고 본보기 차원에서 중형이 선고됐다. 티라텔리는 이렇게 회고했다. "현 노동당 대표 키어 스타머가 이끌던 검찰청은 기소 요건의 기준을 즉각 완화했습니다. 경범죄를 저지른 18세 미만의 용의자는 재판에 넘길 수 없다는 권고가 유예됐고, 평소 절도로 간주되던 행위를 불법침입(강도)으로 몰아 최대 징역형을 내릴 수 있게 했어요." 공식 통계를 보면 티라텔리의 말이 사실이라는 것을 알 수 있다. 문제의 기간에 불법침입죄로 유죄 판결을 받은 사람 중 86%가 즉시 수감됐다.

반면 2010년 한 해 동안에는 해당 비율이 68%로 더 낮았다. 절도죄의 경우 해당 기간에 86%가 즉각 수감됐지만 2010년에는 41%에 불과했다. 옥스퍼드 대학교 사회과학 교수 대니 돌링은 "법원에서 평균 17개월의 형량으로 총 1,800년의 징역형이 선고됐다"라고 설명했다. 그리고 2011년 8월 소요 사태 이후 런던 경찰청에서 기소하거나 경고한 3,914명 가운데 1,593명이 2015년 2월 시점에 또다시 유죄 판결을 받은 것으로 밝혀졌다.(10)

"교도소가 범죄자를 양산한다"라는, 기정사실화된 원칙을 재확인시켜 준 셈이다. 프랑스 당국도 이를 알았다면, 좀 더 탄압에 신중했을지도 모른다. Ⓓ

글·트리스탕 드부르봉파름 Tristan de Bourbon-Parme
언론인, 저서로는 『Boris Johnson. Un Européen contrarié 보리스 존슨. 유럽 회의론자』 (Les Pérégrines, Paris, 2021)가 있다.

번역·이푸로라
번역위원

---

(1) Eloi Passot, '르블랑메스닐에서 폭동 가담자와 그 가족 처벌 승인, '비치메스닐' 운영 중단에 비판 여론', <Le Figaro>, Paris, 2023년 7월 14일.
(2) <The Independent>, London, 2011년 3월 20일. Owen Jones, '폭도들의 풍기를 엄격히 단속하는 영국', <르몽드 디플로마티크> 프랑스어판, 2011년 9월호에서 인용.
(3) Tim Newburn, Trevor Jones, Jarrett Blaustein, 'Framing the 2011 England riots: understanding the political and policy response', <Howard Journal of Crime and Justice>, Hoboken, New Jersey, 제57호, 2018년.
(4) '체포된 폭동 가담자들의 가장 흔한 이름, <BFM>, 2023년 7월 7일, www.bfmtv. com; Corinne Lhaïk, '경찰 검문 대상자 2,300인의 성명 분포', <L'Opinion>, 2023년 7월 12일, www.lopinion.fr
(5) Peter Oborne, 'The moral decay of British society is as bad at the top as the bottom', <The Daily Telegraph>, London, 2011년 8월 12일.
(6) 'Reading the Riots: Investigating England's summer of disorder – full report', <The Guardian>, 2011년 12월 14일, www.theguardian.com
(7) Gareth Morrell, Sara Scott, Di McNeish, Stephen Webster, 'The August riots in England. Understanding the involvement of young people', National Centre for Social Research, 2011년 10월, DMSS 연구 웹사이트에서 확인 가능, www.dmss. co.uk
(8) 'After the riots. The final report of the Riots Communities and Victims Panel', 2012년 3월 1일, 대영도서관 웹사이트에서 조회 가능, www.bl.uk
(9) Louisa Eshgham, '증언: 폭동으로 체포된 청년 수백 명을 모욕하고 비난하는 재판관들', <Révolution permanente>, 2023년 7월 5일, www.revolutionpermanente. fr / Nathan Chaize, '리옹 폭동, 즉각 출두 요구, '예외적인 절차'에 따라 고압적 분위기에서 진행된 재판', <Lyon Capitale>, 2023년 7월 5일, www.lyoncapitale.fr / Juliette Delage, '틱톡에서 경찰 혐오를 조장했다는 이유로 재판 회부, "막막했고, 내가 처한 현실을 믿기 힘들었어요", 2023년 7월 5일, www.liberation.fr
(10) Kate Ferguson, 'London rioters have committed nearly 6,000 new crimes including murder and rape since 2011 violence', <The Daily Mirro>, London, 2015년 2월 10일.

<이란 영화와 사진들>, 2020 - 켄드릭 브린슨 _ 관련기사 78면

MONDIAL

지구촌

'유사 국가'로 부상한 바그너 그룹과 서구의 용병들

프리고진 사망 이후 러시아 용병들의 미래

러시아가 용병조직 바그너 그룹의 수장 예브게니 프리고진의 사망 이후 모든 용병 그룹의 병사들에게 '국가에 대한 충성 맹세'를 의무화했다. 지난 8월 23일 프리고진이 탑승한 바그너 그룹 전용기 추락 사고로 그를 포함한 탑승자 전원이 사망한 지 이틀 만이다. 푸틴 대통령의 이 같은 조처는 지난 6월 23~24일 무장반란을 시도했다가 하루 만에 물러난 바그너 그룹에 대한 통제권을, 프리고진의 사망을 계기로 강화하려는 움직임이라는 관측이 나온다. 사실, 바그너 그룹의 반란은 뜻밖의 사건이었다. 일반적으로 용병은 명령권자에게 복종하며 궂은일을 도맡아 한다. 수많은 민간 군사 기업의 용병들이 거쳐 간 아프리카가 이를 증언한다. 과거 백인 용병들은 아프리카에서 '흉악한 자들'로 불렸다.

필리프 레마리 ▌〈르몽드 디플로마티크〉 기자

지난 6월 23일 금요일. 예브게니 프리고진이 이끄는 민간 군사기업 바그너 그룹의 병사들은 우크라이나 전선을 이탈했다. 로스토프나도누로 향한 바그너 그룹의 반란군은 러시아의 대(對)우크라이나 군사작전에서 전략적 역할을 수행하는 남부군관구 사령부를 장악했다. 장갑차와 대공 방어 시스템으로 무장한 반란군은 모스크바를 향해 '정의의 행진'을 하며 러시아 공군의 헬리콥터와 항공기 여러 대를 격추했다. 용병과 민간 군사기업에 대한 책을 집필한 페르 더 용 전 프랑스 해군 대령은 "괴물이 주인의 손아귀에서 벗어났다"라고 논평했다.(1)

바그너 그룹과 러시아 정부의 갈등은 수개월 전부터 시작됐다. 지난 5월, 바그너 그룹이 바흐무트를 점령한 후 크렘린궁은 군대 속의 군대로 성장한 이 조직에 대한 통제권을 되찾기 위한 계획에 착수했다. 6월 10일, 러시아 국방부는 바그너 그룹의 용병들

중 정규군 편입을 희망하는 병사들은 개별적으로 러시아군과 계약을 체결하라는 명령을 발표했다. 이들이 정규군에 편입되면 발레리 게라시모프 러시아군 총참모장과 세르게이 쇼이구 국방장관의 지휘를 받게 된다. 이 두 사람은 프리고진이 수개월 전부터 전장과 바그너 그룹 소속 전사자 수천 명이 묻힌 묘지에서 끊임없이 매도해 온 인물이다. 프리고진은 게라시모프 총참모장과 쇼이구 국방장관이 우크라이나에서의 '특별 군사작전'을 효율적으로 이끌지 못했다고 비난했다.

바그너 그룹을 러시아군에 강제 통합시키려는 시도는 반란의 도화선이 됐다. 양측의 충돌은 불가피해 보였다. 하지만 "유혈 사태를 피하기 위해" 러시아 정부는 알렉산드르 루카셴코 벨라루스 대통령의 중재로 프리고진과 협상에 나섰다. 6월 24일 양측은 합의를 체결했고 전날 까지만 해도 러시아 정부가 '반역자'로 지칭했던 프리고진은 신변

(1) <France Inter>, 2023년 6월 24일.

의 안전을 보장받았다. 이 합의의 상세 내용은 아직 알려지지 않았다. 프리고진은 벨라루스에 칩거하라는 요구에도 불구하고 계속 러시아를 활보했으며 크렘린궁에서 푸틴을 접견하기까지 한 것으로 알려졌다.(2) 이는 프리고진이 바그너 그룹 해체와 관련된 세부사항을 협상할 수 있을 만큼 러시아 정부가 무시할 수 없는 존재였음을 시사한다.

러시아가 민간 군사기업을 활용한 이유

민간 군사기업이나 사병은 공식적으로 불법이지만, 러시아에는 30개 이상이 존재한다. 그중 일부는 러시아 정규군과 함께 우크라이나 전쟁에 참여하고 있으며, 바그너 그룹이 병력 뿐 아니라 사업 분야에서도 가장 탁월하다. 그밖에 체첸 공화국의 지도자 람잔 카디로프의 아흐마트 대대, 스파르타 대대, 슬라비안스키 군단, 카자크 부대, (러시아 정교회 수장 키릴 총대주교를 추종하는) 성 안드레아스 십자가, 콘보이(Convoy), 연합인민공동체협회(ENOT), 레두트(Redut), 쇼이구 국방장관이 전직 특수대원들을 모아 설립한 패트리어트(Patriot) 등이 있다. 석유·가스 대기업 가즈프롬 또한 시리아와 우크라이나 내 자산을 보호하기 위해 자체 민병대 파켈('횃불')과 플라미아('불꽃')를 창설했다. 러시아 당국은 이를 흔쾌히 허가했다.

2010년대 초반, 러시아 정부는 민간 군사기업의 이점을 깨달았다. 정규군보다 훨씬 운영이 유연하다는 것이다. 러시아 정부는 사설 용병에게 궂은 일을 도맡겼고 과오가 드러나거나 논란의 대상이 될 경우 앞서 다른 국가들이 그랬듯 '그럴싸한 부인권'을 행사했다. 2014년 2월 크름반도에 파견됐던 '녹색

군인'처럼 국적, 소속, 계급, 신원을 알 수 없고 심지어 장례를 치를 필요도 없으니, 이보다 더 실용적인 군대가 있겠는가? 민간 군사기업의 용병은 이후 분리주의 세력이 장악한 도네츠크 지역과 시리아 그리고 다수의 아프리카 국가에까지 진출했다. 오랫동안 러시아 당국은 이들과의 연관성을 전면 부인해 왔다.

이런 법적, 정치적 모호성은 바그너 그룹의 강점 중 하나였다. 하지만 이제 베일은 벗겨졌다. 바그너 그룹의 반란으로 푸틴이 입을 열기 시작했다. 6월 27일, 국방 및 보안부처 장병들 앞에 선 푸틴은 2022년 5월 이후 바그너 그룹에 10억 유로 이상을 지원했음을 인정했다. 프리고진이 소유한 광범위한 사업체들을 지휘하는 지주회사 콩코드(Concord)는 '잘게 해체될' 전망이다. 특히 군사 및 보안 부문을 담당하는 바그너 그룹이 가장 큰 위협에 직면한 듯 보인다. 2021년 바그너 그룹이 전 세계에 보유한 용병 수는 9,000명에 불과했다.

하지만 현재 전투가 최고조에 달한 우크라이나 전선에 투입된 바그너 그룹의 용병 수만 해도 5만 명에 달한다. 러시아 정부는 2022년 사면을 대가로 교도소에 수감된 죄수들을 용병으로 모집할 특권까지 바그너 그룹에 부여했다.

콩코드의 광업 부분은 프리고진이 장기간 주력한 분야로, 시리아와 사하라이남 아프리카에서 특히 활발했다. 하지만 사업 기회를 창출하고 운영을 보호했던 바그너 그룹의 영향력 상실로 콩코드의 채굴 사업은 앞으로 어려움을 겪을 것으로 보인다. 유엔(UN)은 콩코드의 채굴 사업을 "약탈"로 간주하고 중앙아프리카공화국에서의 민간인 학대 및 협박 행위로 콩코드를 고발했다. 말리에서 벌어진 유사 행위에 대해서도 현재 유엔의 조사

(2) Paul Sonne, 'Putin and Prigozhin held a meeting in June, their first known contact since the mutiny', <New York Times>, 2023년 7월 10일, www.nytimes.com

(3) 유엔인권최고대표사무소 (OHCHR), www.ohchr.org/fr

(4) Jean Michel Morel, 'Libye, le terrain de jeu russo-turc 리비아, 러시아·튀르키예의 공동점령체제로 가는가?', <르몽드 디플로마티크> 프랑스어판, 2020년 9월호.

가 진행 중이다.(3)

'트롤 공장' 운명은?

6월 30일, 상트페테르부르크에서 일류 정보전 단체 인터넷 조사국(IRA)이라는 '트롤 공장'을 운영하던 패트리어트 미디어 그룹은 모든 활동을 중단했다. 〈러시아투데이(RT)〉는 IRA가 해고한 일부 직원을 영입했다. RT는 친 푸틴 성향의 언론인 마르가리타 시몬얀이 편집장을 맡고 있는 러시아의 관영매체다. 프리고진은 상트페테르부르크에서 레스토랑을 운영하던 시절 이 레스토랑을 즐겨 찾던 푸틴의 눈에 들었다. 푸틴의 공식 연회를 도맡으며 '푸틴의 요리사'라는 별명을 얻은 프리고진은 이후 12억 달러에 달하는 러시아 전역의 학교 및 군대의 급식 공급 계약을 따냈다. 이처럼 프리고진에게 막강한 부를 안겨준 식품 사업 역시 프리고진의 축출로 타격을 입을 것이다. 앞으로 다른 공급자들이 프리고진을 대체할 전망이다.

러시아 정부는 전 세계, 특히 아프리카에 존재하는 바그너 그룹의 주요 자산 회수에 낙관적이다. 러시아는 홍해의 항구도시 포트수단에 군사 기지를 건설하기 위해 2016년부터 수단에 진출했다. 러시아 정부는 수단에 무기를 지원했고 바그너 그룹은 수백 명의 교관을 파견했다. 바그너 그룹은 특히 수단의 금 거래에 광범위하게 관여하며 큰 이익을 창출하고 있다. 리비아 역시 바그너 그룹의 활동 무대다. 2020년 벵가지의 실력자 칼리파 하프타르 사령관은 트리폴리 점령을 시도했다. 당시 바그너 그룹은 하프타르 사령관을 지원했다. 휴전 협정 이후 바그너 그룹의 용병(800~1,200명)은 본국으로 철수할 예정이었지만 여전히 리비아에 남아 있다. 이들은 현재 유전 주변 지역 및 러시아 정부가 시리아와 아프리카 대륙에서 추진 중인 계획의 '허브' 역할을 하는 키레나이카와 페잔의 공군 기지에 배치된 것으로 보인다.(4)

중앙아프리카공화국에 파견된 바그너 그룹 용병 수는 2018년 2,000명에서 현재 1,000명으로 감소했다. 이들은 포스탱아르캉주 투아데라 대통령의 군대를 훈련시켰으며 현재 투아데라 대통령의 개인 경호도 맡고 있다. 금, 다이아몬드 광산 채굴권에 이어 이제 두알라항(카메룬)을 통한 목재, 커피, 설탕 수출에 이르기 까지, 중앙아프리카공화국은 바그너 그룹의 중요한 수익원이다. 2021년 군사 정권이 집권한 말리에서도 1,400명에 달하는 대규모의 바그너 그룹 용병이 주둔 중이지만 말리 정권은 이 공공연한 사실을 인정한 적이 없다. 프랑스군을 추방한 후 이제 유엔 평화유지군도 몰아낼 준비 중인 말리는 줄곧 러시아의 동맹국을 자처하고 있다. 러시아는 말리의 희토류와 금에 눈독을 들이고 있다.

지금까지 위험에 노출된 일부 국가들은 바그너 그룹을 과거 식민지 열강보다 더 신뢰할 수 있는 보호자로 여겼다. 물론 일련의 군기문란 및 반역사건 이후 바그너 그룹에 대한 신뢰는 낮아질 것이다. 하지만, 일부 국가들은 더 이상 '그럴싸한 부인권'을 내세울 필요가 없어진 러시아 정부와 계속 각별한 관계를 유지하길 바란다. 프리고진은 (광산 채굴 사업과 연계된) 보안, 전투 및 선전 활동을 결합한 서비스를 제공하는 경제 제국을 건설했다. 바그너 그룹의 용병은 '구식' 용병과 공통점이 거의 없다. 과거 아프리카에서 활동했던 용병들은 주로 영국, 프랑스, 남아프리카공화국, 이스라엘 출신이었으며 이

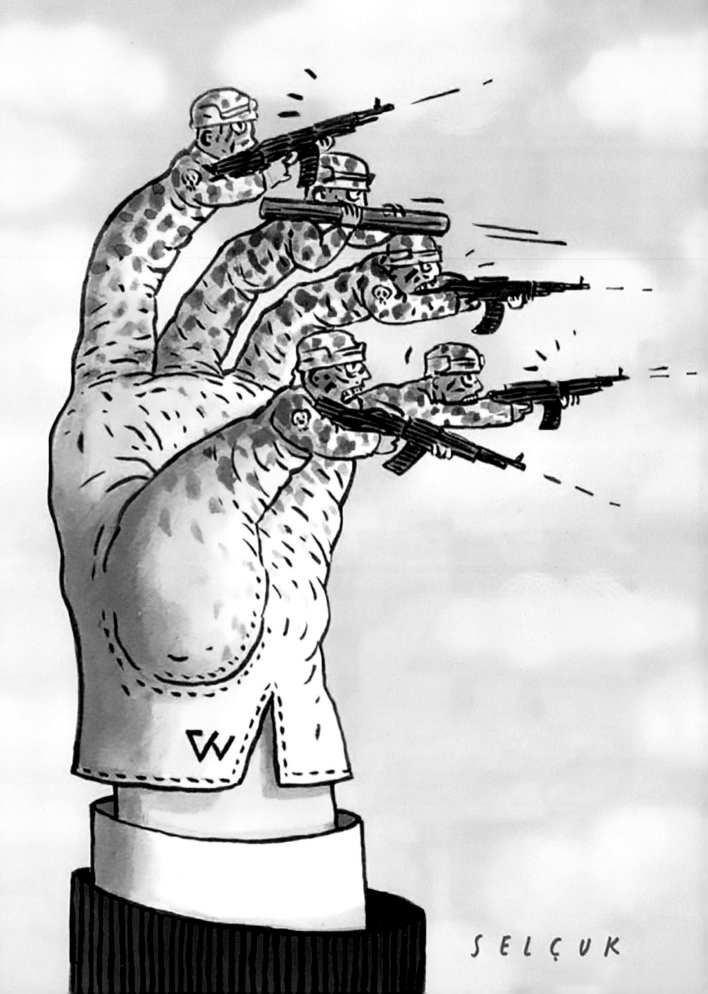

SELÇUK

'타락한 병사들'은 공산주의와 해방 운동을 무력으로 제압했다.

특히 당시 엘리제궁에서 아프리카 문제를 담당했던 자크 포카르 사무총장은 모로코 국왕 하산 2세와 오마르 봉고 가봉 대통령의 지지를 받으며 용병 파견을 주도했다. 지난 세기에 이 백인 용병들은 '흉악한 자들'로 불리며 오랫동안 아프리카의 정세에 관여했다. 1960년대 벨기에령 콩고(자이르를 거쳐 현재 콩고민주공화국), 1970~1980년대 코모로,

세이셸, 베냉, 기니, 로디지아(현 짐바브웨) 그리고 앙골라가 이들의 대표적인 활동 무대였다.

로베르 데나르는 이 '전투견'들 중 가장 상징적인 인물이다. 프랑스 해병대 출신인 데나르는 라바트에서 키상가니, 코나크리에서 코토누, 솔즈베리(현 하라레)에서 프리토리아, 리브르빌에서 모로니에 이르기까지 아프리카 곳곳을 휘젓고 다녔다. 그는 "공화국의 사병"을 자처하며 조국 프랑스의 이익에 반하는 행동을

한 적이 없다고 주장했다. 데나르를 상대로 제기된 수많은 법적 소송에서 그는 "신호등 원칙에 입각해 녹색불로 바뀌기 전인 주황색불에 건넜을 뿐"이라고 자신의 행동을 정당화했다.(5)

1977년 이후 프랑스는 용병 활동을 범죄행위로 규정했다. 2003년 4월 법은 용병 지원자뿐만 아니라 모집자도 처벌 대상으로 명시하며 무력 분쟁 당사국 국민이 아니면서 현지 군인보다 훨씬 높은 보수를 받고 분쟁에 개입하는 이를 용병으로 정의했다. 용병이 폭력 행위에 가담하는 목적은 제도를 전복시키거나 특정 국가의 영토 보존성을 침해하기 위함이다.

1990년대 말 냉전이 끝나자 이데올로기적 성향이 강했던 '낭만적인' 용병은 경제적인 동기로 움직이는 기업형 용병으로 변모했고 광범위한 서비스를 제공하기 시작했다. 남아프리카공화국의 이그제큐티브 아웃컴스(Executive Outcomes), 미국의 지 서비스(Xe Services, 구 블랙워터(Blackwater)), 다인코프(DynCorp), 군사전문자원회사(MPRI), 핼리버튼(Haliburton) 등이 대표적인 예다. 프랑스에서는 아마랑트 앵테르나시오날(Amarante International) 혹은 코프가드(Corpguard) 등의 용병 기업이 '방위 서비스'와 '작전 보안' 등의 서비스를 제공하고 있다.

2001년 9월 11일 뉴욕과 워싱턴에서 발생한 테러 이후, 미국의

'계약업체'들은 아프가니스탄에 진출했고 결국 미 국방부 산하 인력의 절반 이상이 아프가니스탄에 배치됐다. 2003년 이후 이라크로 눈을 돌린 미군 하청업체들은 18만 5,000명의 인력을 이라크에 파견했다. 이는 미 정규군 병사보다 많은 수였다. 미국의 민간 군사기업들은 호텔 산업, 병참 외에도 전반적인 보안, 현지군 훈련, 현지 군사장비 운영까지 담당했다. 300여 명의 퇴역 미군 장군을 고용한 MPRI는 아프가니스탄 정부군의 군사 교리 초안을 작성하기도 했다.

러시아 정부의 손아귀 못 벗어나

2003~2004년 이라크 아부 그라이브 교도소에서 벌어진 수감자 학대 사건에 연루된 심문관 절반은 CACI나 타이탄과 같은 민간 군사기업 소속 직원이었다. 이들 중 일부는 출소한 수감자들의 고소로 미국 법원에 기소됐다. 2007년 9월, 미국 '계약업체' 블랙워터의 직원들이 연루된 총격전으로 이라크 민간인 사망자 17명, 부상자 20명이 발생했다. 블랙워터는 이 사건 이후 미국 법원에 기소됐으며 168건의 중범죄를 선고 받았다.(6) 미 해군 특수부대 출신인 블랙워터 대표는 결국 사임했고 블랙워터는 지 서비스로 사명을 바꿨다.

냉전 종식 이후 미국과 유럽의 병력 수가 급격히 감소하자 국가의 고유한 기능을 외주화하는 범위가 확대됐다. 2000년대 초, 조지 W 부시 미 정부에서 각각 부통령과 국방장관을 맡았던 딕 체니와 도널드 럼스펠드는 미군의 '부차적인' 활동을 민간 부문에 대대적으로 개방했다. 이후 안전, 보안, 호송 호위, 의료, 장비 유지·보수, 불법복제 퇴치, 사이버 방어 등 다양한 활동이 민간 기업에 위임됐다. 미국이 '테러와의 전쟁'을 벌이는 동안 미

군과 계약을 체결한 민간 업체에 약 1,000억 달러에 달하는 예산이 할당됐다.

이런 현상은 전직 군인들의 민간분야 유입을 촉진했으며 현장에 최소한의 '흔적'만 남기겠다는 미국의 의도를 보여주기도 한다. '하이브리드' 작전을 선호하는 러시아의 전략가들도 부차적인 작전을 하청에 맡기는 '가벼운 발자국' 전략의 장점에 주목했다. 러시아는 시리아 개입 당시 공중전에는 러시아 공군을 투입했지만 지상 작전은 바그너 그룹에 위임했다. 이런 모델은 나날이 번창했다. 튀르키예 민간 군사기업 사다트(SADAT)는 '튀르키예의 바그너'로 불린다.

퇴역 장군이 설립한 사다트는 몇 년 전부터 튀르키예 국방부의 승인을 받아 시리아, 리비아 그리고 아제르바이잔 내부에 고립된 아르메니아 영토인 나고르노-카라바흐에서 작전을 수행하고 있다. 남아프리카공화국 퇴역 대령이 설립한 국립공원 보안 전문회사 DAG는 모잠비크 경찰과 계약을 체결했다. DAG는 특히 2021년 4월 모잠비크 북부 카보델가도주(州)에서 소말리아 반군 셰밥(Shebab)의 공격을 받던 수백 명의 사람들을 구출했다고 발표했다.

우크라이나 전쟁에서 바그너 그룹은 5만 명의 용병을 거느린 '제1선' 부대로 성장했다. 전례 없는 모델로 변모한 바그너 그룹은 명령권자인 러시아 정부의 손아귀에서 벗어날 뻔했다. 바그너 그룹의 반란은 국가가 폭력을 행사할 수 있는 독점권을 공유하면 대가가 따른다는 교훈을 준다. ▣

글·필리프 레마리 Philippe Leymarie
<르몽드 디플로마티크> 기자

번역·김은희
번역위원

(5) <Afrique Magazine>과의 인터뷰, 1997년 7-8월호.

(6) 2020년 12월, 도널드 트럼프 미국 대통령은 2015년 민간인 사살 혐의로 유죄 판결을 받은 블랙워터 대원 4명을 사면했다. 이 결정은 이라크의 분노를 샀다.

EU의 곡물 수출 지원을 받는 우크라이나

우크라이나 곡물 유입에 긴장하는 주변국 농민들

러시아는 선박 수송을 위협하며 우크라이나산 곡물 협정을 중단시켰다. 그러나, 유럽연합은 일부 회원국들이 우크라이나 수출을 막지 못하게, 안전한 수송로를 확보하기 위해 안간힘을 쓰고 있다. 이 상황은 우크라이나가 유럽연합에 가입할 경우 일어날 일을 예고하고 있다.

코랑탱 레오타르 ▌부다페스트 〈유럽중앙통신〉 편집장

2022년 5월 12일, 유럽연합 집행위원회는 우크라이나에서 유럽연합까지 일종의 긴급 선적을 선언했다. 과거 우크라이나 농산물 수출량의 90%가 흑해 항로를 지났는데, 해당 항로 내 항구들이 부분 봉쇄되자 이를 우회하기 위해 집행위원회가 '연대 회랑'을 만들겠다고 발표한 것이다.

세계 식량 안보를 보장하고 우크라이나 경제를 지원하고자 우크라이나산 곡물이 북아프리카와 중동의 전통적인 시장까지 도달할 수 있게 하는 것이 목표였다. 집행위원회는 "유럽연합 시장 참여자들에게 필요한 장비, 철도, 차량, 운반선 및 선박의 긴급사용을 허가할 것"을 요청하고, "운송로와 공급망이 작동할 수 있도록 유연성과 민첩성, 탄력성을 보여줄 것"을 촉구했다.(1)

유럽연합과 우크라이나 간 관세, 쿼터 및 모든 재정적 제약이 갑자기 해제됐다. 유럽연합은 동부유럽 회원국들에게 국경 절차를 최소한으로 줄이고 곡물 저장 용량을 늘리도록 장려했다. 운송 네트워크의 상호 연결과 환적 터미널의 용량이 빠르게 개선됐다. 1년이 지난 2023년 5월, 유럽연합은 새로운 유럽 항로인 연대 회랑을 통해 곡물과 채유 식물 등 3,800만 톤의 농산물이 수출됐다고 발표했다.(2) 그리고 지난 7월 러시아가 흑해를 통해 우크라이나산 곡물을 운송할 수 있도록 허용한 우크라이나곡물협정에서 탈퇴하기로 결정함에 따라 유럽연합은 '연대 회랑' 시스템을 강화하기로 했다. 최근 유럽연합 이사회 의장국을 맡은 스페인의 루이스 플라나스 농업부 장관은 7월 26일 "우리는 유럽을 통과하는 '연대 회랑'을 개선하고 강화해야만 한다"고 선언했다.

헝가리 곡물 가격이 폭락한 이유

하지만 '연대 회랑'의 성공 이면에는 겉으로 드러나지 않은 부수적인 희생자들이 있었다. 5월 23일, 헝가리와 루마니아, 폴란드, 슬로바키아 농부들은 브뤼셀에 모여 유럽연합 집행위원회의 '연대 회랑'에 빈틈이 많다며 시위를 벌였다. 이론대로라면 보호돼야 할 시장에 수십만 톤의 옥수수와 밀이 나타났다. 사일로와 창고가 가득 차면서 곡물 가격이 폭락했다. 4월 말 헝가리 내 밀 가격은

(1) <우크라이나의 농산물 수출 및 유럽연합과의 양자 무역을 촉진하기 위한 EU-우크라이나 연대 회랑 조성을 위한 행동 계획>, 유럽의회 집행위원회, 유럽연합 이사회, 유럽경제사회위원회 및 지역위원회 보고서, 유럽연합 집행위원회, Bruxelles, 2022년 5월 12일.

(2) <세계 식량 공급, 러시아가 일으킨 전쟁의 영향을 완화하기 위해 EU 국가들이 하는 일>, 유럽연합이사회, www.consilium.europa.eu

(3) <농업시장 보고서-곡물 및 산업 작물, 농업경제연구소> Budapest, vol. XXVI, n°9, 2023년.

1년 사이에 31% 하락했고, 옥수수 가격은 28% 하락했다.(3)

유럽연합의 의사결정과정이 느려지면서 철도 통로 개통이 지연됐고 곡물의 상당 부분이 해당 지역에서 움직이지 못했기 때문이다. 곡물생산자협회 회장인 타마스 페토하지는 2022년 봄까지 "400만~500만 톤의 우크라이나산 곡물이 헝가리에 있었다. 모든 구매자가 우크라이나산 옥수수와 밀, 보리로 눈을 돌렸고, 가을부터 헝가리산 곡물에 대한 수요가 급감했다"라고 설명했다. 그는 '헝가리산 곡물에 대한 수요'가 계속 낮을 것으로 예측했다.

헝가리는 유럽연합 회원국들이 잘못 고안된 메커니즘을 강요받았다며 비난했다. 헝가리 농업부는 보도자료를 통해 "우크라이나산 곡물 덤핑으로 인해 농부들은 전통적인 국내 및 유럽 판로를 잃었고 생존이 불가능해졌다"고 애매모호하게 설명했다. 이스트반 나기 헝가리 농업부 장관은 "연대 회랑은 좋은 의도로 만든 것이 맞지만, 우크라이나산 곡물을 반값에 공급받을 수 있게 된 곡물 도매상들은 시장에서 나타났고, 그들은 그 상황을 악용해서 헝가리와 주변 국가에 곡물을 저장해놓았다"라고 말했다.(4) 우크라이나산 곡물은 단순히 헝가리를 거쳐 가기만 하는데, 그 곡물을 시장에 내놓은 것은 누구일까?

프랑스 사회과학고등연구원(EHESS)의 연구책임자인 마리클로드 모렐은 4월 21일 <프랑스 퀼튀르(France Culture)>와의 인터뷰에서 "운영자와 화주 등 국제 농업 비즈니스에 속한 모든 대형 무역업자들"이라며, "그들은 2010~2020년 농산물가공업체들이 생산한 밀을 처리하기 위해 우크라이나에 대규모 시설을 구축했다"라고 말했다. 그리고 다음과 같이 설명했다. "오래전 국영 농장이었

(4) <Világgazdaság>, 2023년 2월 17일, www.vg.hu

(5) 탈라주 컨설팅-곡물 전략, www.strategie-grains.com

던 초대형 개발지들이 유럽과 미국 등 외국 투자자들의 손에 의해 바뀌었다. 외국 투자자들은 고도의 기계화 덕분에 매우 유리한 조건에서 경작할 수 있었고, 곡물 재배 시장을 좌우하게 됐다. 원칙적으로라면 유럽의 국내 시장은 보호받아야 하므로, 이는 비정상적인 경쟁이다."

난데없이 왜 중부유럽에?

전쟁이 일어나기 전까지만 하더라도 우크라이나가 유럽으로 수출하는 밀의 양은 아주 적었다. 우크라이나는 주로 선박을 통해 연간 약 50만 톤의 밀을 스페인과 이탈리아에 수출했지만, 중부 유럽으로는 수출하지는 않았다. 그러나 육로가 개통되면서 2022년 7월부터 2023년 7월까지 우크라이나는 폴란드에 80만 톤, 루마니아에 80만 톤, 헝가리에 25만 톤의 밀을 수출할 것이라고 컨설팅 업체 탈라주(Tallage)는 내다봤다.(5)

우크라이나산 곡물이 중부유럽으로 유통되면서 나타난 결과는 모두 동일하지 않았다. 예를 들어 폴란드는 평소보다 10배나 많은 우크라이나산 옥수수(140만 톤)를 수입했고, 풍작으로 인해 60만 톤의 옥수수가 남게 됐다. 반면 양적으로나 질적으로 재앙 같은 옥수수 수확을 겪은 헝가리에서는 우크라이나산 옥수수가 생명줄 역할을 했다. 헝가리에서 수확한 옥수수는 대부분이 동물 사료로도 적합하지 않았고, 바이오 연료용으로 헐값에 팔아치워야 할 정도였다.

정권에 충성하는 언론들은 우크라이나인들을 '전쟁을 부추기는 자들'로 묘사하다가 '독살범'으로 몰아가며 새로운 비방 캠페인을 벌이고 있다. 반면, 헝가리 농식품 분야의 거대기업인 Hungrana Zrt의 CEO 졸탄 렝은

"우크라이나산 곡물이 우리 회사를 구했다"라며 다음과 같이 덧붙였다. "우리는 헝가리 정부의 지원을 받아 2022년 4월부터 우크라이나에서 수입을 시작했습니다." 렝 CEO의 발언은 언론의 비방 캠페인과 대조된다.

헝가리의 농업 전문가인 기오르기 라스코는 "유럽연합 집행위원회는 연대 회랑에 대해 그들만의 이야기를 고수하고 있다. 우크라이나

판매자들은 그들대로 유럽에 수출할 생각에 들떴는데, 그럴 수밖에 없다. 수익성이 훨씬 더 높고 위험 부담이 적기 때문이다"라고 말했다. 농산물 시장 분석가인 브누아 파요도 같은 생각이다. "유럽연합 농부들은 항상 북아프리카 시장 등지에서 우크라이나와 간접적으로 경쟁을 해왔다. 하지만 우크라이나 전쟁이 터지면서 우크라이나 중개인들

은 곧바로 동유럽 시장에서 재판매할 길을 모색했다."

"배후에 대기업이 있다"

2023년 4월 중순, 중부유럽 국가들은 유럽연합 집행위원회와 집행위원회가 가진 독점적 권한에 반기를 들었다. 폴란드가 앞장서서 국경과 연대 회랑을 폐쇄했다. 폴란드의 민족보수주의 정부는 우크라이나를 지지하지만, 총선을 6개월 앞두고 농민들의 표심을 잃을 수 없었다. 같은 날 헝가리에 이어 슬로바키아와 불가리아도 폴란드와 같은 결정을 내렸다. 볼로디미르 젤렌스키 우크라이나 대통령은 이에 대해 5월 9일 키이우에서 우르줄라 폰 데어 라이엔 유럽연합 집행위원회 위원장과 함께 "엄격하고 잔인한 보호주의 조치"라고 비난했다. 우크라이나는 4월 중순 협력을 거부한 국가들에게 서한을 통해 "일방적인 조치는 우크라이나의 적들에게만 득이 될 수 있다"라고 전했다.

유럽연합 집행위원회는 5월 2일자 보도자료를 통해 "예외적인 상황으로 현지 생산자들이 피해를 입었다"라는 점을 인정하고, 3월에 결정된 5,630만 유로의 1차 지원에 이어 1억 유로에 달하는 2차 지원을 약속했다. 더 중요한 것은 국경을 재개방하는 대신, 유럽연합이 헝가리와 폴란드, 슬로바키아, 불가리아에 우크라이나산 밀과 옥수수, 유채, 해바라기 씨가 공동통관체제 하에서만

유통될 수 있도록 합의했다는 점이다. 혹시라도 해당 제품이 관세와 쿼터를 피하게 되더라도 저장이나 구매 없이 위 네 국가의 영토를 통과만 할 수 있게 했다. 즉 네 국가에서 연대 회랑의 원칙이 원래대로 시행되도록 하겠다는 뜻이었다.

하지만 집행위원회는 이 같은 조치가 "예외적이고 일시적인 예방 조치"라고 경고했다. 헝가리의 경우, 실상 수입 금지에 해당하는 조치를 두고 농업계 내부에서 이해관계자들의 의견이 나뉘었다. 곡물 농가는 안도했으나, 바이오 연료 생산자들과 전국곡물도매상협회는 옥수수 부족을 우려하며 동물 사료 생산자 및 가축업자들이 어려움을 겪게 될 것이라고 지적했다.

연대 회랑은 우크라이나의 전통적인 시장인 북아프리카와 중동 시장으로 상품을 운송하기 위한 것이었을까? 우크라이나 생산자들은 유럽에서 새로운 판로를 찾고 있던 것은 아니었을까? 2022년 봄에 결정된 바대로 우크라이나로부터 모든 수입을 자유화한다는 연대 회랑 계획의 이행은 속도를 내고 있지만, 집행위원회는 수확량 누적으로 인해서 물류에 '병목 현상'이 일어났다는 사실만 인정할 뿐, 현상 자체의 구조적 본질은 인정하지 않고 있다.

이에 대해 프랑스 사화과학고등연구원의 모렐 연구책임자는 다음과 같이 말했다. "현재 위기의 배후에는 모든 것을 조종하는 대기업의 이해관계가 있다고 본다. 우크라이나가 유럽연합에 가입한다면 이런 갈등이 정면으로 드러날 것이다. 경각심을 가져야 할 사안이다."

철도운송 기업이 주도하는 '그래인레인' 앱

중부유럽의 농부들은 긴급 조치와 우크라이나산 곡물의 '임시' 선적이 단일 시장으로의 빠른 통합을 위한 첫걸음이 아닌가 우려하고 있다. 이대로라면 유럽연합의 엄격한 환경 규제를 받는다고 해도 고품질의 초집약적 경작지를 운영하는 거대 기업들과는 경쟁이 되지 않을 것이기 때문이다. 유럽연합은 이미 우크라이나 상인과 물류 회사를 연결하는 디지털 플랫폼을 구축해 경쟁을 체계화하고 있다.

민간 주도 계획도 등장했다. 우크라이나 언론에 따르면, 철도화물기업 레일카고 오스트리아는 우크라이나와의 연대를 내세우며 유럽연합 집행위원회의 지원을 받아 그레인래인(GrainLane)이라는 앱을 출시했다. "전쟁 전에는 전혀 교역이 없던 우크라이나 생산자와 유럽·아프리카 구매자 및 소매업체"를 연결하는 앱이다. 그레인래인 앱에서는 클릭 몇 번이면 거래를 체결하고, 운송을 계획할 수 있다.

"유럽연합과 우크라이나는 자유무역협정에 대한 상호이해관계가 있습니다. 자유무역협정이 체결되면 시장이 큰 변화를 겪게 될 것입니다. 연대 회랑 시스템이 시행된 지 1년이 지난 지금 이곳 농부들은 이미 그 사실을 알고 있습니다"라고 헝가리 농업 전문가인 기오르기 라스코는 말했다. 우크라이나산 옥수수를 사용하는 2,200헥타르 규모의 대규모 농장을 운영하는 라스코는 현상황을 나쁘게 보지 않으며 현재의 어려움에 대해 강경한 태도를 보이지 않았다. "우리는 2004년 이후 공동농업정책(PAC) 보조금 덕분에 황금기를 누렸지만 경쟁은 거의 없었습니다. 우리는 생산성을 높이거나 다각화를 생각해야 합니다."

현 헝가리 농업부는 경고했다. 연대 회랑은 계속되겠지만, 앞으로는 폴란드와 마찬가지로 헝가리로 입국하는 '모든' 수송열차는 기록으로 남기게 될 것이라고, 또한 출국 시까지 면밀한 통제, 확인, 감시를 받게 될 것이라고 밝혔다. 매서운 경고다. ⒧ⓓ

글·코랑탱 레오타르 Corentin Léotard
부다페스트 <유럽중앙통신(Courrier d'Europe centrale)> 편집장

번역·이연주
번역위원

민주주의와 페미니즘의 연계

마침내 이슬람 여성들이 움직인다

지난 5월, 생물학자 라이아나 바르나는 사우디아라비아 여성 최초로 우주 비행사 임무를 수행했다. 주목할 법하다. 그러나 마그레브(아프리카 북서부 일대)와 마쉬렉(Machrek, 마그레브에 대응되는 용어로 이라크, 시리아, 레바논, 요르단, 이스라엘, 팔레스타인, 쿠웨이트 등을 포함한 지역), 골프만 연안 국가들에서 여성들의 상황을 대변하는 사건은 아니다. 이 지역 여성들은 양성평등에 있어 현 정권의 법적 근거가 되는 민족주의 페미니즘에 기대할 것이 없다. 오직 그녀들을 해방시킬 수 있는 것은, 민주주의와 세속주의를 위한 투쟁이기 때문이다.

히샴 알라위 ▌중동 및 북아프리카 문제 연구원

(1) Mitra Keyvan, 'Les Iraniennes allument un brasier social 이란의 젊은 여성 시위, 히잡 반대에서 정권 타도로 확산', <르몽드 디플로마티크> 프랑스어판, 2022년 11월호.

2022년 9월 여학생 마흐사 아미니의 사망으로 촉발된 이란의 시위는 오늘날 근동에서 여성해방 문제가 얼마나 중요한지 보여준다.(1) 이 문제를 이해하려면, 서구의 시선을 버리는 것이 중요하다. 서구 세계에서는 이 지역 젠더 갈등에 대해 불평등의 주체를 착취하거나 풍자하는 경향이 있고, 동양의 여성이라는 '타자'를 해방하거나 거부할 권한이 자기에게 있다고 오판하기 때문이다. 또한 근동 여성에 대한 소위 뿌리 깊은 억압을 공격 대상으로 삼거나, 여성을 식민주의에 이어 문화적 진정성에 대한 반동적 열망의 희생자로 제시하는, 마찬가지로 편향된 두 가지 선택지 안에서만 생각하지 않는 태도가 필요하다.(2)

이 지역 여성들의 투쟁을 이해하려면 보다 탄탄한 지식이 필요하다. 서구인들과 근동인들 모두에게 젠더라는 사회적 대상이 구축되는 이데올로기적, 정치적 조건에 의문을 제기하는 것이다. 그래야만 가부장제에 도전하고 지금까지 소외됐던 목소리를 낼 수 있는

(2) Sahar Khalifa, 'Femmes arabes dans le piège des images 이미지의 덫에 갇힌 아랍 여성들', <르몽드 디플로마티크> 프랑스어판, 2015년 8월호.

새로운 가능성은 물론 부담스러운 과거의 문화 잔재를 명확히 밝혀낼 수 있다.

여성혐오, 그 식민주의의 잔재

유럽 식민주의가 아시아 지역에 남긴 폐해 중 여성혐오의 사회 구조만큼 이 지역에 지속적인 영향을 준 것도 없다. 당시 식민지나 피식민지를 막론하고 모범적인 성평등 국가는 없었다. 가부장제의 힘은 보편성이다. 그렇지만 근동에서 젠더와 남성 특권에 대한 개념은 19세기 이후 이 지역을 재편한 유럽에서 보이는 위계와 제도와는 상당히 달랐다.

한 가지 큰 차이점은 법규가 아닌 비공식적 규범에 관한 것이다. 근동에서 사회 생활은 분명 이슬람 법학자들의 의견과 경전으로 규정됐지만, 재정 관리, 법률 심의, 계약 체결 등 여러 분야에서 여성에게 상당한 자율성을 부여했다. 가령 부부를 비롯한 가족 관계 내에서 여성의 역할과 관련해 샤리아(Charia, 이슬람 법 체계)에 명시된 젠더 구

연작 <차가운 레이스> 중에서, 2017 - 모르바리드 K.

조는 여러 측면에서 유연성이 뛰어나다는 평가를 받는
다. 이는 종교적 개념과 사회의 실용적 요구를 모두 반영
한 결과다.

　　유럽 식민주의는 이 체계를 두 가지 방식으로 변화
시켰다. 한편으로는 그 이전까지 공동체에 따라 상당히
다르게 해석되던 샤리아의 규범을 통일된 신성한 법규
로 규정했다. 여성과 여성의 보호자가 아닌 남성, 즉 여
성과 가족관계가 없는 남성 사이에 규정된 엄격한 차이
는 이런 변화를 잘 보여준다. 한때 종교적 의미를 지닌
다소 융통성 있는 행동 규범이었던 것이 이제는 강압적
으로 지켜야 할 법적 의무가 됐다. 다른 한편, 식민주의
는 이런 규칙을 법원, 군대, 공공 당국을 통해 지역 사회
에 강제되는 일련의 민법 및 형법에 반영하게 했다.

계몽전제주의라는 장애물

　　유럽의 지배로 인해 비공식적인 종교 규범이 다원
적으로 혼합돼 있던 이슬람교는 예외 없는 명령 집합체
로 변모했다. 여기에는 이슬람과 이슬람 신자들을 후진

적이고 반문명적인 존재로 간주하는 식민지 세력의 시
각이 담겨있다. 여성은 억압과 구원을 받아야 하는 존재
였다. 그러나 이슬람 신자들을 '문명화'하려는 제국주의
의 욕망은, 오히려 지역사회를 권위주의적 통치, 획일적
폭력, 경제적 착취에 노출시켰다. 여기에서 여성들도 희
생자였다. 여성들은 해방된 것이 아니라 유럽의 젠더 구
조 인식을 표현하는 새로운 법적 기구로 편입됐다.

　　동성애자의 권리와 정체성 문제는 식민 통치 아래
에서 지역 전통이 재편되는 과정을 잘 보여준다. 많은 이
슬람 사회에서 젠더와 성 정체성에 관한 개념은 종교적
으로 금지된 인간관계와 성행위를 암묵적으로 수용하는
것으로 나타났다. 그러나 서구 세계 입법자들은 '이성애
자'와 '동성애자' 사이에 엄격한 경계선을 그었다. 성은
비정상적으로 여겨지는 모든 행위를 범죄화하는 방식으
로 성문화됐다. 이는 동성애를 근동의 전통적인 관점으
로 보는 대신에 근동의 문화에 낯선 부류의 관계로 억지
로 편입시켰다.(3)

　　서구 세계에서 페미니즘과 여성의 권리가 개념화
되는 방식에는 일련의 역설이 개입했다. 식민지 관리들

(3) 사하라 이남의 아프리카 상황과 비교하기 위해 Kago Komane, 'Gay-bashing in Africa is 'a colonial import''(Daily Maverick, 2019년 6월 25일, https://www.dailymaverick.co.za) 참고.

(4) Jean-Pierre Sereni, 'Le dévoilement des femmes musulmanes en Algérie 알제리의 이슬람신도 여성들의 베일 벗기', OrientXXI, 2016년 9월 13일, https://orientxxi.info

(5) Olfa Lamloum & Luiza Toscane, 'Les femmes, alibi du pouvoir tunisien 튀니지 권력의 빌미가 된 여성들', <르몽드 디플로마티크> 프랑스어판, 1998년 6월호. / Florence Beaugé, 'Une libération très calculée pour les Saoudiennes 정교하게 계산된 사우디아라비아 여성들의 해방' 프랑스어판, <르몽드 디플로마티크>, 2018년 6월호.

은 본국에서도 여성에게 투표권이나 정치 경력 접근권이 없었음에도, 이슬람교 민족의 여성 탄압을 비난했다. 또한 경제 거래에 있어서도 근동의 여성이 이슬람식 재산 기부제도인 와크프(Waqf)를 통해 계약을 체결하고, 자선 및 학술 활동을 할 수 있었던 것에 비해 유럽 여성이 누리는 자율성은 훨씬 적었다. 게다가 20세기 중반 서구에서 동성애가 여전히 범죄로 간주되고 이성애가 거스를 수 없는 기준이었던 상황에서 여성해방운동이 시작됐다. 2000년대 초반, 서구 세계가 성소수자(LGBTQ+)들을 인정하기 시작했을 때도 이중 잣대에서 벗어나지 못한 채, 자신의 과거 행태는 잊고 이성애가 아닌 행위를 비난하는 이슬람 사회를 비난했다.

'이슬람 여성'에 대한 '제한적 해방'

서구적 관점에서, 이슬람 사회에서 양성평등이란 서구의 사상을 통해서만 도달할 수 있는 목표였다. 이런 관점은 오랫동안 전 세계 규범에 영향을 미친 헤게모니에서 비롯된 것이다. 그러나 유럽식 페미니즘 도입의 강요는 설득력 있는 결과를 얻지 못했다. 도시 중산층 여성들의 교육과 독립을 독려한 것은 분명하지만, 그 과정에서 권위주의를 부추기고 지역 정체성을 무시하는 문화적 고정관념을 앞세웠다. 이라크와 아프가니스탄처럼 전쟁 후 국가 건설을 통해 또는 기술주의적 수단을 사용하는 정부에 의해 추진된 이런 노력은 이슬람 사람들이 여성해방을 서구 제국주의와 동일시하는 반응을 불러왔다.

이런 작동원리는 현대사 전반에 걸쳐 재생산됐다. 우선, 식민지 정부가 양성평등이라는 명목으로 억압적인 법률을 제정한 점이 가장 잔인한 사례다. 예를 들어 소련은 1930년대 중앙아시아에서 여성에게 베일을 벗으라고 강요했다. 프랑스도 1958년 알제리에서 같은 일을 했다.(4) 이 정책은 전통적인 엘리트와 종교 당국을 표적으로 삼았지만, 결과적으로 진보와 식민주의 사이의 혼란을 조장했다.

둘째, 선진국에 직접적으로 의존하거나 선진국을 열망하는 태도로 인해 전제주의 정권 내부에서 동일한 논리가 작용했다. 근동 지역 버전의 '계몽전제주의'는 시민이 아닌 '이슬람 여성'을 해방시키는 것을 목표로 삼았다. 정권의 사회적 기반을 넓히기 위해 세속적 보수주의를 종교적 반대 세력에 대항하는 무기로 사용하려는 전제권력의 구조에 여성인권 문제를 편입시켰다.

이란의 샤(Chah, 페르시아-이란 통치자), 아프가니스탄의 전 국왕 모하마드 자헤르 샤(1933~1973), 튀니지의 전 대통령 지네 엘-아비딘 벤 알리(1987~2011), 사우디아라비아의 현 왕세자 모하메드 벤 살만 등이 이 전략을 이용했다. 그때마다 민주화 요구를 차단하고자 여성에게 제한된 권리를 부여했다.(5) 여성 몇 명에게 장관직을 부여하고, 교육 및 경제에 대한 권리를 인정하고, 결혼을 동등한 관계 간 계약으로 정의하는 것은 원칙적 입장이라기보다 검증된 전술에 가깝다.

이런 국가 주도의 페미니즘은 권위주의 정부의 도구 중 하나다. 정권의 지위와 위신을 공고히 하려고 여성에게 허락된 긍정적인 진보를 악용한다. 또 사회 지도부에서 강요하는 세속주의를 통해 종교의 영향력을 제한한다. 이는 시리아의 바스당이나 이라크, 아랍 민족주의 공화국과 같은 단일당 정권이 역사적으로 자리 잡는 과정에서 볼 수 있는 전략이다. 오늘날에도 모로코와 이집트처럼 전통을 이용해 이슬람의 해석을 엄격하게 통제하는 국가에서 전제주의 정권을 견고히 다지는 데 활용되고 있다.

사회적 기반이 없는 서구의 후원국

이 작동원리의 세 번째 버전도 주목할 만한데, 여성해방과 양성평등을 위해 근동에서 활동하는 다자간 기구와 비정부기구(NGO)가 끊임없이 동원된다는 점이다. 국제연합(UN)부터 현지의 소규모 NGO에 이르기까지 이들은 여성 단체를 지원하거나 설립하고 정부가 여성들의 교육과 고용에 대한 접근성을 개선하도록 장려한다. 서구 페미니즘을 도입하는 다른 형태와 마찬가지로, 이런 사회운동은 운신의 폭이 좁은 정부를 피해 단편적인 사회, 경제적 주체인 여성에 관심을 집중하면서 민주화의 걸림돌이 된다.

이런 접근방식은 또한 '토크니즘(Tokénism)', 즉 일부 인구를 제한된 방식으로 해방한 일을 사회 전반의 정치적 격변으로 소개하는 상징적 정치를 유지하는 효과를 낳는다. 우리는 1980~1990년대 파키스탄에서 베나지르 부토가 집권했을 때 현지의 불평등한 양성 관계의 현실에 무척 미미한 영향을 미쳤음에도, 서구 국가들이 얼마나 열광적으로 환영했는지 잊지 않았다. 결국 여성의 권리는 서구 후원국들이 본국으로 돌아가자마자 붕괴되는 몇 안

되는 제도적 구조에 국한해 논의되고 있다. 2021년 탈레반에게 버려진 아프가니스탄이 그 단적인 사례다.

위로부터의 페미니즘 전략은 식민지나 국가 주도, '인도주의' 형태와 무관하게 두 가지 중요한 문제에 직면한다. 한편으로는 여성 인권의 개념을 공공 분야의 일부로 축소함으로써 전제 정권을 공고히 한다. 이는 인권 침해와 정치적 자유의 부족이라는 보편적인 문제를 간과할 뿐만 아니라 권위주의적 지도자들이

여성 인권 문제를 악용할 빌미를 제공한다.

일례로, 모하메드 벤 살마네 사우디 왕자는 자국 여성들에게 자동차를 운전할 권리를 줬지만 여러 페미니스트 활동가들을 구금했다. 사우디아라비아에서 여성의 권리는 전적으로 군주제에 좌우되며, 여성 자신의 요구는 반영될 수 없다는 메시지를 분명히 했다. 한편, 이런 전략은 외부에서 도입된 사상을 선택적으로 강요함으로써 문화적 정통성의

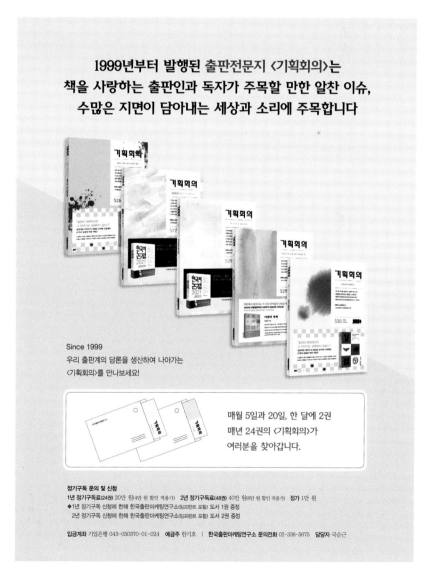

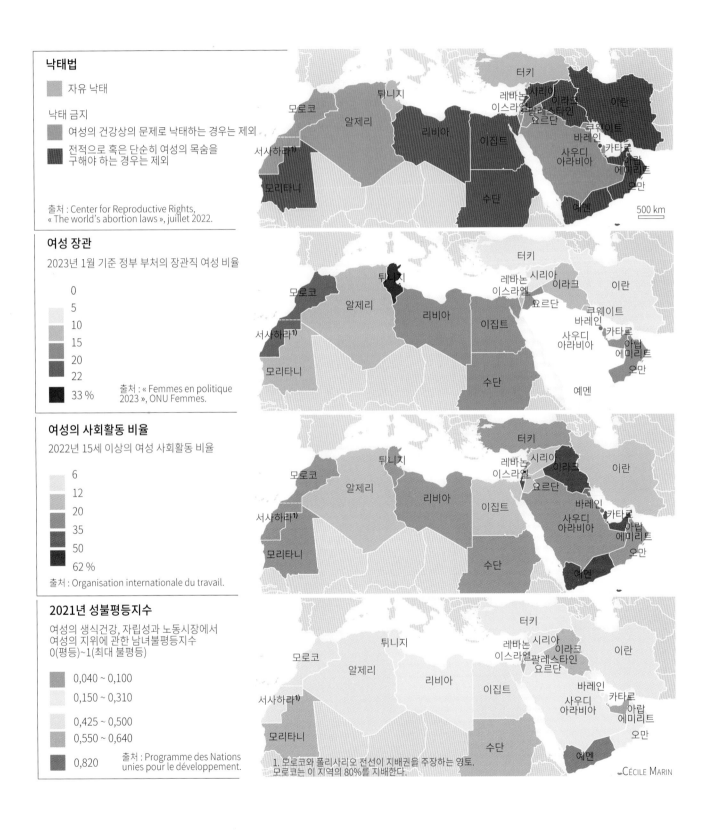

낙태법

자유 낙태

낙태 금지
여성의 건강상의 문제로 낙태하는 경우는 제외
전적으로 혹은 단순히 여성의 목숨을 구해야 하는 경우는 제외

출처 : Center for Reproductive Rights, « The world's abortion laws », juillet 2022.

여성 장관

2023년 1월 기준 정부 부처의 장관직 여성 비율

0
5
10
15
20
22
33 %

출처 : « Femmes en politique 2023 », ONU Femmes.

여성의 사회활동 비율

2022년 15세 이상의 여성 사회활동 비율

6
12
20
35
50
62 %

출처 : Organisation internationale du travail.

2021년 성불평등지수

여성의 생식건강, 자립성과 노동시장에서 여성의 지위에 관한 남녀불평등지수 0(평등)~1(최대 불평등)

0,040 ~ 0,100
0,150 ~ 0,310
0,425 ~ 0,500
0,550 ~ 0,640
0,820

출처 : Programme des Nations unies pour le développement.

1. 모로코와 폴리사리오 전선이 지배권을 주장하는 영토. 모로코는 이 지역의 80%를 지배한다.

CÉCILE MARIN

수호자를 자처하는 현지 보수 세력의 적대감을 불러일으킨다. 이는 자연스럽게 이슬람 전통을 구실로 삼아 여성의 지위가 법적으로 변화하는 데 반대하는 가장 비타협적인 이슬람주의 노선을 강화한다.

페미니즘의 새로운 지평

근동에서 여성주의 운동이 기반을 마련하려면, 서구에서 등장한 해결책을 모방하는 것에서 벗어나 현지의 자원과 경험에 더 많이 의존해야 한다. 이런 역사적 사례도 충분하다. 이 사례들은 세 범주로 분류할 수 있다.

첫 번째 범주는 튀르키예의 케말리즘과 튀니지의 부르기바주의처럼 민족주의에 세속주의를 녹여내려는 시도다. 서구의 개입 없이 시작된 이 전략은 서구에 직접적으로 의존하지 않았다. 식민지 점령이 끝난 후 국가를 재건하기 위해 경제 기반과 계급 구조까지 사회를 완전히 변화시키는 것이 목표였다. 이런 차원에서 세속주의는 오늘날 이집트, 모로코, 사우디아라비아의 경우처럼 전제적 목적을 위해 종교를 독점하고 도구화하는 권력의 무기가 아니라 국가의 역할을 재정의하기 위한 의도적인 프로젝트였다. 그러나 케말리즘이 정치 제도에 대한 모든 종교적 영향력을 제거하는 것을 목표로 삼았다면, 부르기바주의는 오히려 이즈티하드(Ijtihad, 코란과 샤리아를 재해석하려는 노력)를 통해 종교를 통제해 전반적인 근대화 노력에 복무하도록 하려 했다.

따라서 정치와 종교 영역을 분리하는 것이 사회적 관계를 재정의하고 법체계를 개편하며 여성이 경제생활과 정치적 활동에 온전히 참여하도록 하는 가장 좋은 방법이라고 여긴다면, 여성해방은 세속주의와 연관된다. 그러나 이런 시도는 종교계와 보수적인 사람들의 적대감을 불러일으키는 단점이 있다. 이슬람주의자와 같은 새로운 종교적 주체들이 세속주의가 이슬람 사회의 문화적 정체성을 훼손한다고 비난하는 상황에서 울레마(Oulémas, 이슬람 법학자)와 같은 전통적인 엘리트에게 법리적 특권과 도덕적 의무를 포기한다는 것은 신앙을 실천하는 데 있어서 모든 영향력을 포기함을 의미한다. 오늘날 튀르키예와 튀니지에서 볼 수 있듯이 세속주의와 종교 간의 대립은 깊은 정치적 균열로 나타난다.

두 번째 범주는 이슬람 페미니즘이다.(6) 이 사상은 1970년대 이집트의 무슬림형제단과 튀르키예의 레파(Refah, 번영당), 이란 혁명에 의해 시작된 이슬람주의 개혁의 하나로 발전했다. 서구 페미니즘이 대상으로 삼았던 도시 중산층 계급 사이에서 이슬람주의 운동이 확산된 사회적 변화의 결실이다. 또한 샤리아에 대한 협의의 해석에 근거를 둔 급진적 근본주의 노선과 거리를 두고자 하는 많은 이슬람주의자의 열망에 부응하는 것이기도 하다. 이집트의 자이나브 알가잘리(2005년 사망)를 비롯해 이란의 파에제 하셰미 라프산자니, 튀니지의 수마야 가누시, 모로코의 나디아 야신 등 저명한 이슬람 페미니스트들이 모두 '강경한' 이슬람주의로 유명한 아버지를 둔 것은 결코 우연이 아니다.

그녀들이 추구하는 운동은 신앙과 실천의 독특한 조합이 특징이다. 한편으로는 베일, 검소함, 정절 등 눈에 보이는 신앙심의 증표를 고수하고, 다른 한편으로는 교육과 경제 및 정치 활동 참여를 통해 여성을 공적 영역에 편입시키기 위한 운동을 벌인다. 이런 페미니스트들의 종교적 입장은 피크흐(이슬람 법해석)를 문자 그대로 해석하는 데 반대하며

(6) Françoise Feugas, 'Ces féministes qui réinterprètent l'islam 이슬람을 재해석하는 페미니스트들', OrientXXI, 2014년 9월 5일. / Mona Ali Allam, 'Ces lectures féministes du Coran 코란의 페미니즘적 해석', OrientXXI, 2019년 10월 30일, https://orientxxi.info

샤리아를 맥락에 맞게 해석하려고 한다. 가령 이들은 이혼과 상속 문제에서 여성에게 평등한 권리를 부여하는 모든 개혁에 찬성한다.

하지만 이슬람 페미니즘은 체계적인 운동으로 나타난 적이 없다. 가장 강경한 보수 세력과 자유주의적 세속주의의 유혹 사이에 끼어 있었고 여전히 끼어 있다. 그래서 이란에서처럼 종교적 급진주의자들의 압력에 굴복하거나, 튀니지의 사이다 우니시의 사례처럼 결국 사상적 입장을 포기하게 된다. 내부에서부터 이슬람을 개혁할 수도, 외부를 향해 자유주의 세속주의와 연대할 수도 없는 이슬람주의 페미니스트들은 진퇴양난에 빠졌다.

세 번째, 즉 마지막 범주인 민주적 페미니즘은 시민권 개념에 기반을 둔 평등을 추구한다. 이는 2011년 아랍의 봄 민중 봉기 때처럼 민주주의를 지지하는 좀 더 보편적인 운동의 일부다. 민주적 페미니즘은 샤리아의 진의나 적용에 대한 논쟁에 귀를 기울이지 않고 젠더에 관한 대중 담론을 억제하는 이분법(이슬람 대 세속주의, 정통성 대 서구화)에서 벗어나려고 노력하고 있다. 그래서 이들 활동가는 베일을 평등의 걸림돌로 보지 않는다. 베일을 벗는 것, 쓰는 것 모두 자유라고 생각하기 때문이다.

민주적 페미니스트들은 대체로 젊다. 이들은 SNS에서 자기 생각을 표현하고 과거의 정치 시대를 구성해 온 민족주의적이든 종교적이든 낡은 이데올로기와 거리를 둔다.[7] 이들의 전투적인 활동은 이데올로기적 용어가 아니라 양성평등이 민주적 삶의 전제이며 평등주의적 관점을 수용하지 않고는 시민임을 자처할 수 없다는 신념에서 비롯된다. 이들은 서구 페미니즘을 관통하는 논쟁을 의식하면서도 여기에 휩쓸리지 않도록 주의하며,

자기들의 언어와 자기들이 처한 맥락에서 이런 논의를 재정의하고자 한다. 이들은 자기들의 투쟁을 민주주의를 위한 더 광범위한 투쟁의 일부로 간주한다. 그리고 전제 정권에 의한 여성의 도구화를 거부한다. 그런 점에서 이들의 명운은 민주화와 밀접한 관련이 있다.

미래의 민주적 페미니즘

이 모든 가능성 중에서 민주적 페미니즘만이 미래로 가는 교두보가 될 수 있다. 식민지 점령과 식민지 이후 국가 건설의 산물인 케말리즘과 부르기바주의는 특정 역사적 맥락을 벗어나서는 거의 재현될 수 없다. 이슬람주의 페미니즘은 그 운동을 촉발한 흐름에 의해 소외됐다. 반면 민주적 페미니즘은 활동가들이 여성성의 개념을 재정의할 수 있을 뿐만 아니라 모두를 위한 민주주의에 대한 요구에 그 개념을 편입시킬 수 있는 어휘와 관점을 제공한다.

2011년 '아랍의 봄' 봉기는 근동을 민주화하려는 시도에는 실패했다.[8] 그러나, 민주적 페미니즘의 새로운 지평을 열었다. 이 봉기가 튀니지에서 시작된 운동보다 오래 유지될 수 있었던 것은 활동가들이 무너뜨릴 수 없는 정치적으로 민감한 지위를 차지하고 있었기 때문이다. 이집트에서는 압델 파타 알시시 장성이 무슬림형제단에 의해 선출된 정부에 위협을 느낀 여성들을 내세워 2013년 반혁명 쿠데타를 얼마간 정당화했다. 여성을 보호한다는 명목으로 민주주의를 전복시킨 정권이 민주주의를 수호할 수는 없다. 마찬가지로 이란에서도 이슬람 혁명은 새로운 정권의 사회적 기반으로서 여성의 권익 향상에 중점을 둔 민주적 선거를 약속했다.

(7) Akram Belkaïd, '#MeToo secoue le monde arabe 아랍 세계를 뒤흔드는 미투 운동', <르몽드 디플로마티크> 프랑스어판, 2021년 8월호.

(8) Hicham Alaoui, 'Le triomphe fragile des contre-révolutions arabes 아랍의 반혁명의 허약한 승리', <르몽드 디플로마티크> 프랑스어판, 2022년 9월호.

선거에 기반한 정치와 사회운동의 축으로서 이란 여성은 민중 운동의 중심에 서게 됐다.

이 지역 전반에 걸쳐 2011년부터 민주적 페미니즘이 시민 사회 내에서 확산됐다. 이제 민주적 페미니즘은 SNS, 시민 사회, 교육계 및 공개적 토론의 장에서 접할 수 있다. 이런 움직임은 농촌 출신이나 불우한 환경의 젊은 여성을 포함한 새로운 활동가들에게 참여의 문을 열어줬다. 페미니즘은 더 이상 부르주아적이고 도시적인 이데올로기가 아니다. SNS에 관련 글이 확산되는 것을 보면 짐작할 수 있듯, 페미니즘은 보편적 당위성을 획득했다. 아랍 국가에서 많은 남성이 경제적 이주를 시도하고 비공식 경제에서 여성들이 중요한 역할을 맡은 덕분에 페미니즘이 버틸 수 있었다. 특히 '랜티어리즘(Rentiérisme, 투자소득주의)'은 자국의 노동력을 활용하려는 걸프만 연안 여성들을 노동시장으로 인도했다.

이런 움직임은 대대적인 정치적 변화에 비해 조용하지만, 영향력은 절대로 적지 않다. 개인 생활의 가장 은밀한 구석에서 일어나는 사회적 변화와 연결된 이 운동은 반드시 정치적 무대에 드러날 것이다. 또한 시민들은 권위주의의 영역 밖에서 자신의 권리를 꿈꾸고, 전제주의적 조작이 아닌 사회적 힘으로 이뤄낸 양성평등을 구현할 수 있다. 무엇보다도 민주주의와 페미니즘의 유기적 연결은 전통과 현대를 구분짓는 시대착오적 대립을 뒤엎는 데 결정적인 역할을 할 수 있다. 민주적 페미니스트들에게 표현의 자유는 문화적 정통성을 가장 잘 보장하는 권리로, 이는 민주주의를 요구하는 모든 시민이 갈망하는 가치이기 때문이다.

이런 전개는 지역 전체의 정치 생활을 재편 중이다. 베일은 점점 더 여성의 정숙함을 나타내는 표식이 아니라 시민권을 둘러싼 정치적 전쟁터가 됐다. 베일의 사회 분열적 성격은 점차 사라졌다. 튀니지에서는 베일을 쓰지 않은 여성들이 인권의 이름으로 베일을 쓴 여성들을 옹호하며 부르기바주의에 반발하고 있다. 양측 모두 카이스 사이에드 대통령이 혁명 이후 민주주의를 짓밟는 현실에 반대하고 있다.

이란에서는 반대 상황이 펼쳐지고 있다. 이곳에서는 베일을 쓴 여성들이 쓰지 않은 여성들 편에서 정권의 억압적인 폭력에 맞서 함께 시위를 벌인다. 이들은 베일 착용을 개인적인 선택으로 여기는 대신 모든 여성에게 베일을 강요하는 상황에 반발한다. 사우디아라비아의 '위로부터의 페미니즘'과는 달리 이란에서는 양성평등을 위한 투쟁이 아래에서부터 진행되고 있다.

실제로 마흐사 아미니의 죽음으로 촉발된 봉기는 이란이 얼마나 자체적 상징주의에 사로잡혔는지 드러냈다. 베일은 그 자체로 문제가 아니라 종교 정권과 사회의 많은 부분 사이의 갈등을 보여주는 상징이다. 한때 이슬람 혁명의 문화적 표식이었던 것이 이제는 정권의 약점이 됐다. 이란 당국이 강제 베일 착용을 폐지한다면 흥분한 군중을 통제하기 위해 더 많은 부분에서 양보를 해야 할 것이다. 이는 의심할 나위 없이 급격한 변화의 물꼬를 트게 될 것이다. 근동의 다른 지역과 마찬가지로 이란에서도 민주주의를 위한 운동은 종교와 세속화를 이 두 구분을 초월해서 인권에 대한 보편적 요구로서 다시 평가해야 한다. ⒧Ð

글·히샴 알라위 Hicham Alaoui
중동 및 북아프리카 문제 연구원. 『Security Assistance in the Middle East: Challenges … and the Need for Change (ouvrage collectif co-dirigé avec Robert Springborg)』 (Lynne Rienner Publishers, Boulder (미국), 2023)와 『Pacted Democracy in the Middle East. Tunisia and Egypt in Comparative Perspective』 (Palgrave Macmillan, 런던, 2022)의 저자.

번역·서희정
번역위원

중립국에서 북대서양조약기구로 다가서는 오스트리아

영세중립국 오스트리아의 힘겨운 중립

제2차 세계대전 직후 연합군의 손으로 만들어진 오스트리아는 공산주의 진영 및 남반구 국가와의 다리 역할을 하며 서구권에서 특수한 입장을 고수해왔다. 그러나 이제 상황이 변했다. 우크라이나 전쟁을 계기로 대외정책을 재고해야 한다.

파비앵 샤이들러 ▌기자

러시아의 우크라이나 침공으로 오스트리아의 중립외교에 대한 논란이 일고 있다. 2022년 5월 군인, 재계 인물, 유명 작가 로베르트 메나세를 비롯한 작가 등 40여 명은 러시아 침공 앞에서 중립을 지키는 것이 "견딜 수 없으며 위험하다"며 "열린 토론"을 요청하는 글을 발표했다.(1) 요청문에 핀란드나 스웨덴처럼 북대서양조약기구(NATO)에 가입하자는 내용은 명시돼 있지 않지만, 그 가능성을 배제하지도 않았다.

이후 오스트리아 주요 언론사들은 중립외교 정책의 미래를 두고 논쟁을 벌였다. 우크라이나에 무기 원조를 해야 하는가? 군수물자가 오스트리아를 경유하도록 허락할 것인가? 우크라이나 군대 훈련, 혹은 지뢰 제거 작업에 참여해야 하는가? 1955년부터 오스트리아 대외정책의 핵심이었던 중립성이 흔들리고 있다.

오스트리아의 중립성이란?

오스트리아 국민의회를 대표하는 4개 정당으로 보수파인 오스트리아 국민당(ÖVP), 사민주의 오스트리아 사회민주당(SPÖ), 녹색당, 그리고 민족보수주의 오스트리아 자유당(FPÖ)이 있다. 이들의 발언에 따르자면 중립 정책은 아직 앞길이 창창하다. 러시아 침공 이후 카를 네함머 오스트리아 연방총리는 이렇게 공언했다. "오스트리아는 과거에도 중립, 현재도 중립, 앞으로도 중립으로 남을 것입니다. 논의는 이것으로 끝입니다."(2) 가장 적은 의석을 보유한 정당인 신오스트리아와 자유포럼(NEOS)만이 공개적으로 의문을 제기했다. 설문조사 결과 국민의 70~80%가 익숙한 현상유지를 지지하는 것으로 나타났다.

이 중립성이란 구체적으로 무엇을 의미하는가? 찬성파와 반대파 모두 현실에서 중립성이 유연하게 적용될 수 있음을 강조한다. 지난 수십 년 동안 정부는 북대서양조약기구의 비행기가 영공을 드나드는 것을 묵인해왔다. 1991년 걸프 전쟁 당시 미국 전차가 영토를 통과해 이동했던 것을 묵인했던 것처럼 말이다. 그러나, 중립성에 대한 해석은 시간이 지나면서 크게 변했다.(3)

제2차 세계대전 후 오스트리아는 독일과 함께 패전국이 됐고, 4개 지역으로 분할통치될 상황에 처했다. 하지만 독일과 달리 오스트리아는 위기를 모면했다. 1955

(1) 'Prominente fordernernst -hafte Diskussion über Vert -eidigungspolitik', <Der Sta -ndard>, Vienne, 2022년 5월 22일.

(2) 'Nehammer: Österreich bleibt neutral', <Kurier>, 2022년 3월 8일, https:// kurier.at

(3) Franz Cede & Christian Prosl, 『Anspruchund Wirklichkeit. Österreichs Außenpolitik seit 1945』, Studien Verlag, Innsbruck, 2015.

년 오스트리아는 소련과 협상 끝에 향후 영세중립(Permanent neutrality) 정책을 유지한다는 전제조건 하에 오스트리아의 완전한 주권을 보장하는 모스크바 각서(Moscow Memorandum)를 체결했다. 이 각서를 기반으로 4개 연합국과 국가조약을 맺음으로써 오스트리아는 독립국이 됐다.(4) 같은 해, 오스트리아 의회는 영세중립을 성문화해 연방헌법 조항으로 채택했고, 연합군은 철수했다.

독일 또한 비슷한 길을 갈 수도 있었다. 1952년 스탈린은 독일 양측에 중립을 전제로 한 통일을 제안했다. 당시 독일연방공화국(서독) 여당이던 독일 기독교민주연합(CDU) 간부 일부가 제안 수락을 진지하게 검토할 것이라 발표했다. 그중에는 야코프 카이저 연방전독일문제부 장관도 있었다. 그러나 콘라트 아데나워 총리와 미국의 반대에 부딪혔다. 오스트리아가 영세중립을 선언한 그해에 서독은 북대서양조약기구에 가입했다.

이 시기 중립에 대한 논의는 비단 군사동맹에 국한되지 않았다. 오스트리아와 독일 모두 경제정책의 중립을 꾀했다. 기독교민주연합 내 좌파세력은 소련식 계획경제와 앵글로색슨식 자본주의 사이 중도를 택했다. 1947년 정당이 발표한 알렌 프로그램은 핵심산업의 국영화, 그리고 "기독교식 책임에 기반한 사회주의"를 담고 있다. 아데나워 총리와 연합국은 이런 경향을 저지하며 서독 주요산업을 민간에 남기고자 했다. 주요 산업 대부분은 크반트(BMW), 포르셰-피에히(폭스바겐)나 플릭 가문처럼 나치 독일에 협력한 이들의 손에 놓여 있었다.(5)

오스트리아의 상황은 완전히 달랐다. 오스트리아는 1946~47년 두 차례에 걸쳐 도입된 '국영화법'을 통해 은행 및 핵심 산업, 에너지 산업을 국영화했다. 이후 오스트리아에서 협동조합이나 공공부문이 소유한 부동산은 독일에 비해 훨씬 큰 비중을 차지했다. 오늘날 빈 소재 아파트의 약 1/2이 협동조합이나 공공기관소유다. 반면, 베를린에서 이 수치는 1/4이다.(6)

크라이스키가 얻어낸 '소극적 안보 보장'

중립성은 시간이 흐르면서 오스트리아의 정체성을 구성하는 요소가 됐다. 이와 관련 깊은 인물로 오스트리아 사민주의 정치가 브루노 크라이스키가 있다. 1953~59년 외무차관, 1959~1966년 외무장관, 1970~1983년 총리를 역임한 크라이스키는 '능동적' 혹은 '참여' 중립 정책을 펼쳤다.(7) 1960년대에 크라이스키는 서구권 외무장관 사상 최초로 불가리아, 루마니아, 헝가리를 방문했다. 그는 다가올 빌리 브란트 서독 총리(1969~1974년)의 데탕트(긴장 완화) 정책에 물꼬를 텄다. 둘은 2차 세계대전 당시 스웨덴으로 함께 피난길에 오를 만큼 친한 사이였다.

크라이스키는 1973년 7월부터 1975년 8월까지 헬싱키와 제네바에서 개최된 유럽안보 협력 회의(Conference on Securityand Cooperation in Europe, CSCE)에서 중요한 역할을 맡았다. 1975년 8월 1일 헬싱키 협정이 최종 승인됨으로써 냉전 종식의 제도적 기틀이 마련됐다. 이 흐름은 1995년 빈에 본부를 둔 유럽안보 협력 기구(OSCE)의 설립으로 이어졌다. 크라이스키의 주도로 유엔 산하 기구 다수가 빈에 자리를 잡았다. 크라이스키가 외교적 구심점 역할을 하면서 오스트리아의 국제적 명성이 커졌고 일종의 '소극적 안보 보장'(핵보유국이 비핵보유국에 핵공격

(4) 연합국의 요청으로 국가조약에 중립에 대한 내용이 명시적으로 기재되지는 않았다.

(5) David de Jong, 『Nazi Billionaires. The DarkHistory of Germany's Wealthiest Dynasties』, Mariner Books, New York, 2022.

(6) '빈의 공공주택 건축과 베를린의 주택 건축 지원', 2018년 9월 28-29일 베를린 학술대회발표논문집, Kommunalpolitische Forum, https://www.kommunalpolitik-berlin.de

(7) '참여 중립'이란 하인츠 가트너가 만든 표현이다. Heinz Gärtner (총괄), 『Engaged Neutrality. An Evolved Approach to the Cold War』, Lexington Books, Lanham, 2017.

을 하지 않을 것을 약속함)을 누릴 수 있었다.

또한, 크라이스키는 이스라엘 정부와 야세르 아라파트가 이끌던 팔레스타인 해방기구(PLO)의 화해에 관여했고 1993년, 마침내 오슬로 협정이 체결됐다. 오스트리아는 비동맹 운동을 통해 스웨덴(올로프 팔메 스웨덴 총리도 크라이스키의 친구였다)을 비롯한 다른 중립국과의 관계를 공고히 하며 '새로운 세계 경제 질서'를 추구했다. 오스트리아가 국제사회에서 맡은 역할은 작은 영토에 비해 훨씬 큰 것이었다.

우크라이나 전쟁이 부른 논쟁

1967~1983년 크라이스키가 당수를 맡았던 오스트리아 사회민주당은 외교 및 경제적 이유로 유럽공동체 가입을 반대했다. 1986년 창립된 녹색당도 뜻을 같이 했다. 하지만 같은 사민주의 노선이던 프란츠 프라니츠키 총리는 1989년 유럽공동체 가입 신청을 했고, 1991년 7월 31일 유럽위원회가 이에 대한 의견서를 발표했다. 유럽위원회는 "경직성"과 "뚜렷한 동업조합주의 성향", 공공부문의 "상대적으로 약한 생산성이 경쟁력을 위협한다"라고 개탄하는 한편, 오스트리아의 중립성을 "특수한 문제"로 간주했다. 1990~2000년대 이뤄진 대규모 민영화, 그리고 유럽위원회의 구조조정안을 따르면서 오스트리아 정부는 첫 번째 유보조항을 걷어냈지만, 동시에 경제적 독립성은 상대적으로 낮아졌다.

중립성 원칙에도 불구하고 오스트리아는 유럽연합의 공동 외교 안보 정책(CFSP)에 활발히 참여했다. 유럽연합조약 중 '아일랜드 조항'은 국방정책이 "특정 회원국의 특수성"을 침범하지 않는 것을 명시한다. 실제로 오스트리아는 유럽군 및 유럽평화기금(European Peace Facility, EPF)에 참여하고 있다. 유럽평화기금은 위기 지역에 무기를 수출하는 것으로 비판을 받기도 하는 기금이다. 오스트리아 정부는 유럽군 조직에 참여하고자 1990년 국가조약의 몇몇 조항이 더 이상 유효하지 않음을 일방적으로 선언했다. 소련은 이에 항의했고 서구 강대국들은 침묵으로 일관했다.

러시아의 우크라이나 침공으로 대외정책의 방향성을 둘러싼 논쟁이 불거졌다. 보수-녹색당으로 이뤄진 정부 내에서 중립성에 대한 해석이 분분하다. 예컨대, 클라우디아 타너(국민당, 보수파) 국방장관은 우크라이나 지뢰 제거 작업 원조를 거절하는 입장이고, 알렉산더 판데어벨렌(전 녹색당 소속) 대통령이자 군 통수권자는 공개적으로 우호적인 태도를 보였다. 하지만 여당들이 만장일치로 채택한 사항이 있으니 바로 대규모 재군비다. 오스트리아는 2025년까지 군비를 두 배로 늘릴 계획이다.

주요 정당들을 벗어나면 논쟁의 규모는 훨씬 커진다. 경제 로비스트 군터 펠링거가 이끄는 소수단체는 북대서양조약기구 가입을 주장하지만 대중과 정계의 지지를 얻지 못하고 있다. 한편, 다른 중립 반대파 오스트리아가 유럽연합에 더 깊이 들어가, 유럽연합 차원의 국방이 가능해질 것이라 기대한다. 로베르트 메나세의 경우, "힘에 의한 평화(Peace through strength)"의 일환으로 주권 유럽을 소망한다. 위기상황에서 자국을 방어할 수 있고, '중립국 오스트리아라는 허상'을 없애야 한다는 것이다. 메나세는 오스트리아가 초강대국의 충돌 한복판에 놓일 위험이 있다며 북대서양조약기구 가입을 반대한다. 핵심은 미국에 대한 의존도를 줄이는 것이다.

다리를 잃어버린 오스트리아

린츠 평화연구회 소속 제랄드 오베란스마이르 같은 중립 찬성파는 어느 한 공동체에 소속된다고 문제가 해결되지는 않는다고 본다. 이런 공동체는 점점 군사화 되고, 제국주의, 혹은 신식민지주의 강대국처럼 행동하기 쉽다. 영국 수필가 티모시 가튼 애쉬라면 찬성했을 선택지만 말이다.(8) 빈 대학 소속 정치학자 하인츠 가트너도 유럽의 외교 주권을 지지한다.

참여 중립으로의 회귀를 주장하는 가트너는 2014년 3월, 목전에 다가온 전쟁을 피하고자 우크라이나를 오스트리아처럼 중립국화할 것을 제안했다. 얼마 후 헨리 키신저가 비슷한 주장을 펼쳤다.(9) 2014년 당시 외무장관 제바스티안 쿠르츠가 주장을 이어받았지만 공식

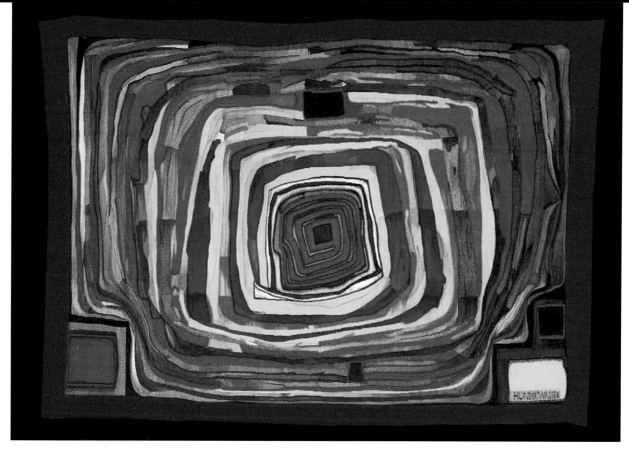

<펠릭스 원>, 1976 - 프리덴슈라이히 훈데르트바서

정부 인사였던 만큼 이내 입장을 철회했다. 가트너는 이를 북대서양조약기구의 압력이 작용한 결과로 여긴다.

참여 중립의 황금기는 명백히 과거의 일이 됐다. 2010년대에 오스트리아가 북대서양조약기구의 반대에도 불구하고, 핵무기금지조약 체결에 지대한 공헌을 했지만 말이다. 하지만 다른 문제에선 유럽연합과 북대서양조약기구의 입장에 순응했다. 2022년 3월 우크라이나 정부가 제안한 휴전협정은 북대서양조약기구 가입 포기를 담고 있었다. 제안은 오스트리아의 지지를 얻지 못했다. 오스트리아는 튀르키예, 이스라엘, 브라질, 인도 및 여러 아프리카 국가들이 시도했던 것처럼 솔선해서 휴전협상에 참여하지도 않았다.

서구에서 고조되는 긴장, 러시아와 중국, 그리고 핵무기의 위협 앞에서 독립적이고 믿을 만한 유럽 국가가 남반구 비동맹 국가를 향한 행동에 나서야 한다. 가트너는 "집단적 사고는 생각을 가로막기 마련"이라고 일깨운다. 새로운 군비 경쟁에 나서기보다, 유럽 안보 협력 기구(OSCE)를 본보기 삼아 국제 진영 사이 다리를 놓아줄 제도기관을 옹호한다. 과거 오스트리아는 이 같은 다리 역할의 전문가였다. 이제는 형식적인 중립국으로 힘겨운 다리 찢기를 하고 있을 뿐이다.

지난 6월, 카를 네함머 총리는 북대서양조약기구 소속 유럽 국가들과 함께하는 유럽 방공시스템인 스카이쉴드(Sky Shield)에 가입하겠다고 발표했다. 여전히 중립국인 채 말이다. ⒧Ⓓ

(8) Timothy Garton Ash, 'Postimperial Empire', <Foreign Affairs>, New York, 2023년 5-6월

(9) Heinz Gärtner, 'Kiew solltesich Neutralität Österreichs ansehen', <Der Standard>, 2014년 3월 3일.

글·파비앵 샤이들러 Fabien Scheidler
기자, 『La Fin de la mégamachine 거대기계의 종말』 (Seuil, Paris, 2020)의 저자.

번역·정나영
번역위원

50년의 희망

롱고 마이, 유토피아로 향하는 작은 길

수익성에 집착하지 않고, 연대를 통해 살아가는 세상이 가능할까? 이런 유형의 경험은 전례를 거의 찾아볼 수 없다. 바로 프로방스의 롱고 마이(Longo Maï)가 그런 경우다. 반세기 동안 우리는 롱고 마이에 많은 노력을 기울였고, 그에 대한 엄청난 논의도 뒤따랐다. 이 운동은 세대를 거듭하며 이어졌고, 사람들은 롱고 마이에 참여했다 떠났으며, 모험은 계속되고 있다.

안 주르댕 ▌〈르몽드 디플로마티크〉특파원

" **프**랑스 남부 최초의 개척자 마을에 필요한 것들입니다. 트랙터 한 대, 종자, 건축 자재, 양 250마리, 기계 및 작업 도구, 거위 10마리, 좋은 아이디어, 지폐로 10만 프랑, 정육점, 석공 및 목수 등이 여전히 부족합니다."

지나가다 이 광고를 본 스위스의 사람들은 누가 이런 자선에 호소하는지 언뜻 봐서는 알 수 없었다. 광고를 낸 사람들은 청년들

이었다. 얼마 전 약 30명의 청년들이 뤼르 산기슭의 리망에 위치한, 폐허가 된 세 마을 옆 프로방스의 한 척박한 땅을 얻었다. 1968년 5월의 마지막 바람은 아직 잦아들지 않았고, 이들은 도시와 소비사회로부터 도망치기를 원했다. 50년 전, '농공' 자치 협동조합은 이렇게 탄생했다. 그리고 '롱고 마이'라는, 매우 암시적인 이름을 택했다.(1)

롱고 마이의 창시자 중 한 사람인 롤랑

(1) 프로방스 방언인 롱고 마이 (Longo Maï)는 '지속되는 한', '오래 지속되기를'이라는 뜻이다.

여기에 실린 사진들은 모두 알프스 드 오트프로방스의 리망에 위치한 농업 및 수공업 자치 협동조합인 롱고 마이 공동체에서 제작한 마르틴 프랑크의 르포타주(1981)에서 가져온 것이다.

페로는 사람들에게 이 외진 곳에 정착하는 게 어떻겠느냐고 제안했다. 이곳에서 아주 가까운 콩타두르에서 장 지오노를 만난 적이 있는 한 전직 양치기의 조언(2)에 따른 것이었다. 페로는 그 무리에서 가장 연장자였고 유일한 프랑스인들 중 한 명이었다. 사람들은 그를 "레미"라고 불렀다. 그는 카리스마 있고 유달리 박식했다고 한다. 어쩌면 권위적이었는지도 모른다. 반(反)군사주의와 반(反)식민지 투쟁을 지지했던 그는 모로코에서 군복무를 한 뒤 만신창이가 돼 돌아왔다.(3)

'알제리 사건' 이후 재징집됐을 때, 그는 탈영을 선택했다. 1962년에 사면된 후 잠시 교직에 있었던 레미는 빈에서 스파르타쿠스단의 젊은 오스트리아인 반(反)파시스트들을 만났다. 그들은 함께 스위스로 이동했고 거기서 히드라 그룹에 합류했다. 바젤은 다른 곳보다 탄압이 심하지 않았다. 그런데도 평화운동가들은 독일적군파와 내통한다는 의심을 받고 그곳을 떠날 수밖에 없었다.

당시 프로방스의 중산간은 사람들이 점점 이탈하고 있었고, 땅은 황폐하고 땅값도 비싸지 않았다. 레미는 이곳을, 젊은 동지들이 자치의 열망을 시험하기 적절한 곳이라고 생각했다. 그것은 또한 임금, 가족, 학교 같은 제도들을 해체하려는 열망이기도 했다. 민중의 불복종으로 기존 질서를 지지하는 기류에도 제동이 걸렸다. 1970년대 초에 이미 정치 게임이 정상화되고 비판의 슬로건이 재개되는 등 회복의 첫 번째 징후들이 나타나고 있었으나, 자치권을 시작으로 반(反) 유토피아 탈출(un contre-exode utopique)의 개척자들은 세벤, 아리에주 또는 알프스 드 오트프로방스로 떠났다.

그들은 진정한 의미에서 자유로운 삶을 사는 것이 가능하다는 것을 보여주려고 했다. 1972년 공동체 수는 약 500개, 그곳에 머무는 사람은 겨울에 5,000명, 여름에는 4만 명에 달했다.(4) 자본이 축적되고 생활방식이 대량화되는 도심에서 멀리 떨어진 이 농촌들은 상대적으로 감시가 덜했기에 모든 가능성의 터전이 됐다. 리망 사람들은 엄격한 규칙을 만들었다. 그들은 와인은 허용하지만 향정신성 의약품은 금지했다. 그리고 이론적 비약은 경계했다. 슬로건이 말해주듯, 롱고 마이에서 살려면 "말하기보다 땅을 갈아야"(5) 했다.

(2) 『인간 욕망의 기쁨(Que ma joie demeure)』(Grasset, Paris)이 출간된 1935년부터, 오트프로방스 콩타두르의 작은 마을에는 장 지오노를 중심으로 봄과 여름 동안 한 공동체가 생겨났다. 이때의 경험은 『콩타두르 수첩(Cahiers du Contadour)』의 출판으로 이어졌고 1939년 막을 내렸다.

(3) 롤랑 페로(Roland Perrot)는 『R.A.S.』(Jérôme Martineau, Paris, 1970)라는 소설을 썼고, 영화감독 이브 부아세(Yves Boisset)가 같은 제목으로 이 작품을 각색했다(1973). 이 책에서 롤랑 페로는 알제리 전쟁 때 모로코의 군교도소로 보내진 대독협력 거부자의 운명에 대한 이야기를 들려준다.

(4) Bernard Lacroix, 『L'Uto-pie communautaire. Histo-ire sociale d'une révolte 공동체의 유토피아. 반란의 사회적 역사』, Presses universitaires de France, Paris, 1981.

(5) Beatriz Graf가 인용한 슬로건, 『Longo Maï, révolte et utopie après 68 롱고 마이, 68년 이후의 반란과 유토피아』, Thesis, Egg(Suisse), 2006.

머스타드, 내추럴 와인, 양털로 만든 옷

모든 이들이 초창기의 힘겨운 노동과 매우 열악한 생활 조건을 기억할 것이다. 염소를 치거나 땅속의 수맥을 찾는 일은 하루아침에 되는 게 아니다. 1974년 가을에 발행된 〈롱고 마이 메시지〉 창간호에는 이런 구절이 있다. "우리의 일반적인 문화, 특히 농업, 가축 사육, 공예, 상업, 소기업, 건축, 기계, 의학, 회계, 법학, 물과 숲, 고생물학 분야에서 몇 가지 유감스러운 결함들을 인정하고 나서, 이 분야들에 대해 우리보다 좀 더 박식해 보이는 수십만 명의 평범한 유럽인들에게 우호적으로 대한다는 게 갑자기 몹시 정치적으로 느껴졌고, 기술적이고 전문적인 그들의 조언이 그리 달갑게 들리지 않았다."

모험은 출발이 좋지 않았고, 겸손함과 실용주의도 부족했다. 사람들은 돈이 있는 곳으로 돈을 구하러 갔다. 스위스였다. 당시 개척촌 프로젝트로 소개된 모금 캠페인이 이어졌다. 계급의 적에게 손을 벌려야 한다는 사실이 못마땅했지만 유토피아는 그만한 가치가 있었다. 다

중재배, 다중사육, 다중수공업. 이 세 가지에 동의한 부자들의 지갑이 열렸다.

이 돈은 여전히 롱고 마이 예산의 50%를 차지한다. 기부금을 중앙 집중화하기 위해 1974년에 프로 롱고 마이 협회가 설립됐다. 후원자 1만 명의 파일을 이 협회가 관리한다. 후원금을 체계적으로 운영해 수익성 강요로부터 협동조합을 보호하고, 다른 활동을 개진할 수 있는 새로운 장소들을 매입할 수 있었다. '롱고인'들은 건물을 짓고, 재배한 농산물로 잼을 졸이거나 소금에 절인 식품을 만들었다. 그들은 빵을 굽고 치즈도 직접 만들었으며, 질 좋은 머스타드도 생산했다. 직접 키운 양의 털로 짠 옷은 크리스마스 전 인터넷에 올라오기 무섭게 매진되고, 내추럴 와인은 와인 전문가들의 선택을 받고 있다.

현재 롱고 마이는 프랑스 남부는 물론, 독일의 메클렌부르크, 스위스의 쥐라, 오스트리아의 중산간이나 우크라이나 서부에 자리 잡은 10개의 협동조합 네트워크로 구성된다. 이곳의 농장 시설들은 매우 인상적이다. 이 공동체의 보물은, 이 네트워크가 1976년 브리앙송의 샹트메를에서 취득한 19세기의 양모 방적공장이다. 이 마

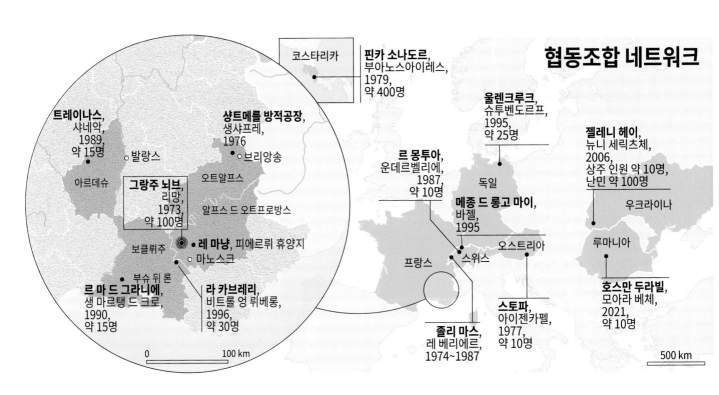

을에는 세르 슈발리에 스키 리조트가 있다. 관광객을 위한 숙박업소, 주차장, 성수기에만 운영하는 상점들은 구시가지의 주택과 골목의 공간을 놓고 경쟁을 벌인다. 스키장 리프트의 낮은 쪽 사면의 기슭에는 기잔 강이 흐르고, 운하는 건물 아래에서 물길을 바꾼다. 이곳 지하실에서 다락방까지, 사람들은 양모를 빨아서 말리고 선별해 솔질하고, 실을 뽑고 직물을 짜고 얼레빗질을 한다. 그렇게 만든 직물을 재단하고 재봉한다.

전기가 늦게 들어오는 바람에 세탁 공정은 20세기 초반에야 시작됐고, 어떤 방적기들은 훨씬 이전으로 거슬러 올라간다. 대형 방적기에는 보란 듯이 벨기에 마크가 달려 있고, 1970년대에 제작된 실 감는 기계는 이탈리아에서 들여왔다. 방적공장 전체에 전기를 공급하는 최신형 터빈은 스위스 제품이다. 부문별로 각각 특징이 있는데, 방적작업의 경우 구식 소프트웨어로 작동되는 독일 편물기를 길들이려면 수완과 인내심이 필요하다. 가장 큰 작업실에 있는 소모기(양털의 긴 섬유만 골라 가지런히 다듬는 기계-역주)에 부착된 거대한 진공청소기는 작동하지 않는다. 양털의 구름이 거품마냥 하얗게 바닥을 뒤덮는다. 자주 일어나는, 대단할 것 없는 일들이다. 협동조합에서 나온 팀들이 1년 내내 방적공장에서 돌아가며 일을 해 거의 15톤에 달하는 양모로 의류와 담요를 만든다.

다른 곳과 마찬가지로 샹트메를에서도 역사는 원래의 규칙에서 크게 벗어나지 않고 기록된다. 이곳에서는 여전히 사유재산이 폐지된 상태이고, 스위스 재단인 유럽토지기금이 토지세를 포함해 생산수단을 소유한다. 임금과 분업도 폐지됐고, 가능한 한 다중기능(polyvalence)을 우선시한다. 마지막으로 권력의 위임도 폐지돼, 사람들은 논의를 거쳐 합의로 결정한다. 업무의 조직은 기존 구성원이든 임시 체류자이든(이 둘 사이에는 비공식적이지만 엄연히 구분되는 위계가 있다) 모든 구성원이 참여하는 주간회의에서 정한다. 청소나 식사 준비에 할당할 인원을 구성하고, 새 집을 짓고 완두콩을 재배하는 일에 노동력을 어떻게 분배할지 검토한다.(6)

모든 농장의 대표들이 1년에 두 번 '인터쿱'에서 모인다. 이때 각 협동조합은 서로 필요한 사항을 공유하고 자신들의 계획을 제출한다. '예산위원회'의 제안이 중재되면 프로 롱고 마이가 후원금 배분을 맡는다. 200명 이상의 롱고인이 10개 협동조합에 나뉘어 머물고 있다. 그들은 이 조합에서 저 조합으로 옮겨 다닌다. 현장의 필요에 따라 일손을 보태기 위함이다. 리망에서는 주로 건물을 짓는다. 최소한의 안락함을 추구하고 자기 방을 갖는 것은 이제 부끄러운 일이 아니다. 공동체의 세 촌락 중 한 촌락에 마침내 '라 파스렐'이 완성됐다.

흙과 짚으로 지어진 이 대형 건축물 옆에는 석재로 지은 주택단지가 있다. 골조, 마루, 나무 테라스, 계단 등 모든 것이 협동조합에서 만들어진다. 공용 공간은 커다란 부엌, 욕실, 요가실로 구성된다. 그 밖에 아이들, 커플, 독신자들은 각각 약간의 사생활을 누릴 수 있다. 현재 세 세대가 함께 살고 있지만, 젊은 층 중에 원주민은 드문 편이다. 요즘 40대는 초년기에 정치적 사회화를 경험한 이후에, 그들의 선배들보다 더 늦은 나이에 협동조합에 가입했다. '미래의 노인'이라 불리는 그들의 비공식 모임은 '기술적-상업적 감옥'에 대한 동일한 혐오로 뭉쳐 세대와 세대 사이에 연결고리를 형성한다.

그들이 발행한 〈떡갈나무 서식지의 분노(L'Ire des chênaies)〉, 〈롱고 마이 뉴

(6) Ingrid Carlander, 'Les irréductibles de Longo Maï 롱고 마이의 완강함', <르몽드 디플로마티크> 프랑스어판, 1996년 3월호.

스(Nouvelles de Longo Maï)〉, 〈군도 (Archipel)〉등과 '친구들'에게 보내는 많은 출판물들은 한 가지 재능을 증명한다. 1980년대에 협동조합에 반대하는 언론 캠페인이 벌어지고 경찰의 기습이 이어지자 롱고인들은 소통 능력을 키우는 것이 중요하다고 생각하게 된다. 그것이 그들 역사의 연대기가 되는 것을 의미하더라도 말이다. 그들은 롱고 마이 존립 40주년을 기념하기 위해 바젤에서 기록물, 사진, 물건들 및 '촬영된 초상화' 등을 가지고 자기 기념에 가까운 전시회를 열었다.

롱고 마이가 '광신도들의 일탈'이라는 불명예를 벗기 위해 법적 조치를 취해야 했던 시대는 끝난 듯하다. 오늘날에는 이곳 사람들의 식량 생산 노하우와 땅으로 돌아가려는 자치적 삶에 매료되는 이들도 있다. 지난 35년간 이런 유형의 정치적 프로젝트가 신뢰를 쌓았기 때문이다. 소비에트 공산주의의 붕괴, 사회민주주의의 실패, 대안 없는 정권 교체의 지루한 반복은 국가를 정복하려는 시도들을 좌절시켰고, 대중이 조직한 단체들에 의존하려는 시도까지 저지했다. 이제는 집단들의 시간이다.

먼저 치아파스(Chiapas, 멕시코의 주-역주)와, 반(反) 농촌사회의 시간이다. '탈세계화'는 지역에서 활동하고 포괄적으로 사고하며, 적어도 소수의 활동가들은 권력을 쥐지 않고 세계를 변화시키기를 장려한다. 여전히 신자유주의 질서가 지배한다면, 1980년대 초에 시작된 복원의 시대가 초기에 부진한 첫 번째 징후들을 보였기 때문이다. 노동자 탄압, 생명 파괴, 산업재해와 보건 관련 사건들과 농산식품화학의 증가는 과연 인류의 진보가 어떤 의미를 가지는지 심각한 의구심을 일으킨다.(7) 확실히, 대중의 불행은

가장 널리 공유되는 감정이다. 그러나 행복은 사적인 문제가 아닌 다른 관점에서 볼 수 있게 된 듯하다.

사회학 박사과정생의 연구 분야

사람들은 다시금 협동과 경쟁을, 생필품과 상품이 주는 환상을 대립시킨다. 그리고 종종 롱고 마이를 예로 들어, 자치와 현대인의 자유를 대립시킨다.(8) 루이스 멈퍼드, 이반 일리치, 자크 엘륄, 베르나르 샤르보노 같은 사상가들은 시민권을 다시 생각해낸다. 기술 관료주의 시대에, 우리는 산업화 이전의 방식들을 다시 활용하고 그에 필요한 노력을 하는 것이 "시장의 빈곤, 임금 노동자의 광기, 기술적으로 과잉 설비를 갖춘 사회의 분열보다 더 매력적으로 보일"(9) 것이라고 확신한다. 다른 곳들과 마찬가지로 롱고 마이에서도 사역 동물(인간을 위해 일하는 동물-역주)을 쓰고, 과거에 재배했던 씨앗들을 다시 들여오고, 흙과 짚으로 직접 건축을 하는 행위들은 이런 해방의 관점에서 이해돼야 한다.

역학, 목공, 방적 또는 직조 훈련도 마찬가지다. 그러나 여기서 체험하는 일들은 활동가 집단만이 아니라 대중도 매료시킨다. 사회과학이나 농업을 전공하는 학생들이 일종의 '훈련장'으로서 협동조합에 드나들었다. 관련 기사나 라디오 방송도 도시에 거주하는, 교양 있는 체제 순응자의 매우 변덕스런 호기심을 자극했다.(10) 그러나 사실 이 의심 많은 어중간한 지식인들이 갑자기 협동조합에 나타나는 것이 조합원들에게는 그리 좋은 일은 아니다.

공영 라디오 방송 〈프랑스 퀼튀르〉 청취자들은 그곳을 지나치기 전에 용케도 자신들

(7) Benjamin Fernandez, 'Au risque de la catastrophe industrielle 산업재해의 위험을 무릅쓰고', <르몽드 디플로마티크> 프랑스어판, 2023년 7월호.

(8) Aurélien Berlan, 『Terre et liberté. La quête d'autonomie contre le fantasme de délivrance 땅과 자유. 해방이라는 환상에 맞서는 자치의 추구』, La Lenteur, Saint-Michel-de-Vax, 2021.

(9) Bertrand Louart, 『Réappropriation. Jalons pour sortir de l'impasse industrielle 재점유, 산업의 문제에서 벗어나기 위한 지표』, La Lenteur, 2022. 베르트랑 루아르는 롱고 마이의 리망 협동조합에서 생활했으며 목수로 활동했다.

(10) 예를 들어 <롱고 마이, 유토피아는 오래 지속된다>, 2020년 4월 23일, 혹은 Jade Lindgaard, 'La ferme des radicaux 급진주의자들의 농장', <Mediapart>, 2015년 2월 26일, www.mediapart.fr

이 왔다는 것을 알렸다. 그리고 어느 정도 인지도가 있는 라디오 방송도 수신했다. 방송을 시작한 언덕의 이름을 딴 〈라디오 진진〉은 독립 라디오 방송이 합법화되고 나서 몇 개월 뒤인 1981년에 롱고 마이에서 설립됐다. 〈라디오 진진〉은 청취자들에게 일간지 내용을 비롯한 다양한 프로그램을 제공한다. 방송 1시간 동안, 롱고 마이의 관점에서 현안을 다룬다. 알렉스 로뱅은 백전노장답게 자신의 프로그램을 능수능란하게 이끈다.

그날 아침 프로그램에서는 언론 리뷰, 이웃 공동체에 바이오쿱 매장이 오픈했다는 소식, 포르칼퀴에 시장에서 실시한 연금개혁에 대한 거리 여론조사 등이 전해졌다. 이어서 그는 얼마 전 경제전문 월간지 〈경제적 대안(Alternatives économiques)〉에 기사를 쓴 한 사회학자에게 직접 전화를 건다. 집시 음악 몇 곡이 흐르고 농담 한 마디를 건넨 뒤 방송이 끝난다. 마이크가 꺼지고, 이제 바닥에서 천장까지 레코드판과 CD로 가득 찬 스튜디오는 다시 어둠에 잠긴다.

떡갈나무 숲을 통해 내려오는 울퉁불퉁한 길을 따라 알렉스 로뱅이 협동조합의 공용 공간으로 돌아온다. 저녁 식사 시간이다. 방송까지는 아직 시간이 많이 남아서, 인권보호연맹(LDH)의 지역 지부 활성화 사안부터 현재 연구 중인 르완다 대학살 당시 부족 간 폭력 문제까지, 로뱅은 머릿속으로 여러 프로젝트를 구상 중이다. 오늘은 그가 요리를 할 차례다. 그에게는 100여 명의 조합원들에게 식사를 제공하기 위한 그만의 비법이 있다. "나는 파이의 왕이다!" 16세였던 1974년 가출해 이곳에 온 로뱅은 지역 주민들의 반대와 싸워가며 모든 것을 개척해야 했던 제1세대에 속한다. 그는 1985년 통일사회당(PSU) 소속으로, 1992년에는 녹색당 소속으로 지방의회 선거에 출마했다. 귀퉁이가 떨어져나간 몇 장의 포스터가 그 사실을 증명한다. "단조로운 삶을 바꾸려면 알렉스 로뱅에게 투표하세요!"

좌익 단체들이 무너지자 롱고인들은 그들과 거리를 뒀다. 농민연맹과는 잘해야 경계심을 보이는 관계를 유지했다. 그러나 구세대 중에는 여전히 지역 정치에 열의를 보이는 사람들이 있다. 2020년 3월, 협동조합의 또

다른 조합원인 니콜라 퓌레는 리망 시의회 선거에서 승리했다. 최근 마을 광장에 카페가 다시 문을 열었다. 협상된 세금 혜택을 받기 위해 주민들에게 상호공제조합에 단체로 가입할 것을 제안하는 포스터가 붙어 있다. 몇 미터 더 가면 빵을 굽는 집이 있다. 이웃 방앗간의 유서 깊은 밀가루로 만든 이 집의 유기농 빵은 절찬리에 판매 중이다. 다른 학교들에 비해 크기가 아담한 학교는 폐교될 위험이 없다. 더구나 1985년부터 롱고 마이의 모든 아이들은 이곳에서 교육을 받아왔다.

퓌레 씨가 맡은 바 소임을 다하는 데 내려진 높은 평가에 사람들이 피로감을 느낄 때까지 이 시의원은 노고를 아끼지 않았다. 그는 〈라디오 진진〉을 이용해 그의 동료 시민들에게 코뮌 공동체에 관한 알맹이 없는 논의들을 보고했다. 그러나 그의 임기는 짧게 끝났다. 2022년 9월 21일 마을 벽 곳곳에 게시된 한 통의 편지에서, 그는 주민들에게 시의원직을 사임하고 조합을 떠나겠다는 의사를 밝혔다.

"제가 이곳을 떠납니다. 제도적으로 부자연스러운 이 활동에 융화될 수 없고, 제가 47년간 머물러온 롱고 마이에서 집단생활을 계속하는 것에 피로와 권태를 느꼈기 때문입니다." 그리고는 다음과 같이 이유를 정확히 밝혔다. "롱고 마이에서 나쁜 일이 있었던 건 아닙니다. 다만, 제가 이곳의 분위기와 어울리지 못하는 탓입니다. 너무 늙은 짐승은 아무것도 바꾸지 못하는 법이니까요."

보통 롱고 마이의 조합원들은 내부적 결함을 공공연히 드러내는 데 소극적이다. 특히 문제는 또 다른 문제를 불러오기 마련이라, 협동조합을 떠날 때 물질적인 문제가 생길 수 있다. 어떤 사람은 재산을 모으지 않고 유산의 혜택을 누리며 평생을 살아왔을 수도 있다. 그런데 '처음에만 잠깐 도움을' 받을 요량으로 다른 구성원들의 동의를 구했다면 모를까, 집단생활을 떠나는 사람들이 모두 저축을 마련해둔 것은 아니다. 롱고 마이 측은 물론 "문은 열려 있다"라고 말하지만, 퓌레와 그의 아내는 '인터쿱'이 그들에게 얼마를 내줄지 결정하기까지 기다릴 수밖에 없다.

롱고 마이를 떠나는 이유를 설명한 만큼 시간이 조

금 걸릴지도 모른다. "롱고 마이에 살면서 내가 다짐했던 것들은 10년 동안 나에게 점점 더 문제로 다가왔다. 나는 여전히 사회적, 철학적, 정치적으로 많은 열망들을 롱고 마이와 공유하지만, 점점 더 조합원들과 어울리기가 힘들다는 생각이 든다." 각 세대는 각자 자기 식으로 유토피아를 재구성한다. 그리고 청년들이 연장자들이 해온 일을 계속한다면, 그들이 과거에 대해 향수를 느끼는 일은 없을 것이다.

"오늘날의 기준으로 레미는 유해한 남자"

"레미요? 오늘날의 기준으로 보면, 그는 유해한 '남자(masuc)'죠."

우상파괴급 발언이지만, 이 한 마디에 식탁에 모인 사람들이 웃음을 터뜨렸다. 1996년에 롱고 마이는 뤼베롱 지역의 자연 공원 입구에 위치한, 포도밭과 몇 그루의 올리브나무들로 둘러싸인 아름다운 큰 건물을 사들였다. 라 카브레리(La Cabrery)는 협동조합 네트워크의 와인 조합 이름이다. 리망에서 불과 30km 떨어진 곳인데

도, 건국신화에 대한 이곳 사람들의 존경심은 확실히 희미해진 상태다. 하루 종일 양파를 옮겨 심고 염소를 내보내고 주문 받은 와인을 배달할 준비를 마치고 나면 사람들은 함께 맥주를 마신다.

개인 소유의 언덕들 중 하나를 따라 내려가면 여름마다 주민들을 즐겁게 해주는 연못에 다다른다. 그들은 1년 계약으로 그곳에 사는 이들로, 대부분이 30대에 어린 아이를 둔 백인 부모이며 거의 대다수가 학위 소지자다. 여기서 사람들은 '해체된다.' 그들은 와인의 산도와 다음에 마실 와인에 대해 말한 뒤, 급진적 페미니즘이나 비식민주의 사상에 대해서도 스스럼없이 이야기를 나눈다. 사회에 존재하는 백인 우월주의나 롱고 마이의 다양성 부재는 의문을 제기한다. 이 모든 의문들이 기성세대와 공유되고 있는지도 확실치 않다.

협동조합 창립 50주년을 맞아 리망에서 태어난 모든 아이들을 한자리에 모으자는 얘기가 나왔다. 그러나 축제 분위기를 보장할 수는 없다. 처음 10년 동안 그곳에서 태어난 이들이 전부 행복한 어린 시절에 대한 추억을 갖고 있는 것은 아니기 때문이다. 그들에겐 풀어야 할

문제와 치유해야 할 상처가 있다. 1970년대에 롱고인들은 가족 제도에 문제를 제기했고 중대한 결과를 초래했다. 당시의 젊은 엄마들은 자기 자녀를 남에게 맡긴다는 생각, 생물학적 부모와 자녀를 분리하거나 한 자녀를 나머지 형제자매와 분리해 집단으로 양육한다는 생각에 모두가 열광하지는 않았다는 사실을 이제는 인정한다.

돌봄 교사 한 명이 좀 더 전문적으로 작은 그룹을 감독하고 돌봄을 담당했으나, 교육은 모두가 나눠서 하기로 돼 있었다. 롱고 마이의 아이들은 거의 모두 조직을 떠났다. 다른 집단으로, 혹은 그들에게 주입시키고자 했던 가치들과 정반대되는 도시의 삶을 향해 떠난 것이다. 이제 부모가 된 그들은 당시의 어른들, 심지어 지금은 그때 자신이 실수를 했다고 생각하는 어른들에 대해서도 가혹한 판단을 서슴지 않는다.

롱고인들은 새로운 과제들을 안고 있지만, 진행해야 할 프로젝트는 언제나 많다. 다른 자치 공동체의 정착을 돕는 일부터, 스페인의 엘 에히도나 프랑스 크로 평원의 불법 농업 노동자들을 지원하는 일까지 다양하다. 처음부터 한결같이 국제주의를 지지해온 롱고 마이는 1990년에 국제 연대 네트워크인 유럽시민포럼(FCE)을 설립했다. 유럽시민포럼은 구(舊) 독일민주공화국에서 신탁청의 약탈에 맞서 토지 수호에 나섰고,(11) 2022년에 우크라이나의 자카르파타 협동조합에 우크라이나 난민을 위한 긴급 수용소를 세웠다.

여하튼 유럽시민포럼은 운영 자금이 필요하다. 돈이 필요하기는 하지만, 그들은 스위스의 기부금 없이 운영할 계획이다. 그럴 수 있는 한 가지 방법은 아르데슈의 트레이나스(Treynas) 협동조합에 마루판 제조공장

을 설립하는 것이다. 이곳에는 임업에서 골조 제작에 이르기까지 관련 산업이 이미 자리 잡고 있다. 거기다 레 마냥은 관광 임대업의 발전도 기대되는 곳이다. 뤼르 산을 마주보고 있는 롱고 마이에는 모든 것이 잘 갖춰진 마을이 하나 있는데, 마을의 각 집들은 리모델링을 마치고 시골의 숙소로 변신했다. 부킹닷컴(Bookimg.com) 사이트에 들어가면 "가장 가까운 골프장에서 40km, 아비뇽-프로방스 공항에서 100km가 채 안 되는" 이곳의 숙박 예약을 할 수 있다. 최근에는 방문객들이 '단식, 요가, 디톡스' 주간 또는 '내면 생태학' 강좌에 등록할 수 있게 됐다. 자가용 비행기로 금방이라는 접근성을 강조하는 것은 약간 도가 지나친 발상인 것 같다.

그러나 장 지오노는 마음속에 그리고 머릿속에 남아 있다. "누가 화덕을 야외에 놓고 불을 피울 줄 아는가? (…) 누가 직물을 짤 줄 아는가? (…) 누가 살아가는 방법을 아는가?"(12) 롱고 마이에서, 우리는 알 수 있다. **ID**

(11) Rachel Knaebel et Pierre Rimbert, 'Allemagne de l'Est, histoire d'une annexion 뭐 통일이라고? 동독인들은 웃는다', <르몽드 디플로마티크> 프랑스어판 2019년 11월호, 한국어판 12월호.

(12) Jean Giono, 『Les Vraies Richesses 진정한 부』, Grasset, 1936.

글·안 주르댕 Anne Jourdain
<르몽드 디플로마티크> 특파원, 중등교사

번역·조민영
번역위원

불안한 프랑코 그림자,
스페인 국민당 재기할까?

스페인 국왕 펠리페 6세가 지난 8월 22일 우익 국민당(PP)의 알베르토 누네스 페이호 대표를 차기 내각을 구성할 후보자로 지명했다. 펠리페 국왕은 이 발표에 앞서, 페이호 국민당 대표 및 현 총리대행을 맡고 있는 페드로 산체스 사회당(PSOE) 대표와 각각 사전 협의를 거쳤다. 이에 앞서 실시된 7월 23일 총선에서 산체스 전 총리의 PSOE당은 바스크, 카탈루냐, 갈리시아 지방의 지역 민족주의 정당들의 지지를 얻어 121석을 얻었으나 집권당이 되지 못했다. 프랑코의 후광을 등에 업은 국민당은 137석으로 과반수를 못 넘긴 채 제1당이 되었다. 좌파정당 수마르는 31석을 얻었다.

마엘 마리에트 ▌기자

지난 5월 29일 TV 연설에서, 스페인 총리 페드로 산체스는 심각한 얼굴로 조기 총선을 선언했다. 2018년 집권을 시작한 스페인 정부의 수반은 연말로 예정됐던 투표를 7월 23일로 앞당겼다. 이 발표는 그가 대표를 맡고 있는 스페인 사회노동당(PSOE)이 시의원 및 지방 선거에서 참패한 다음 날 나왔다. 스페인의 주요 보수 정당인 국민당(PP)이, 지금까지 사회당이(직접 또는 연정으로) 이끌었던 10개 지역 중 6개 지역에서 가장 많은 표를 얻은 것이다.

물론 그중 5개 지역에서는 우익이 절대 우위를 점하지 못했기 때문에 우익은 극우 정당 복스의 지지를 확보해야 하지만, 협상은 이미 성공한 적이 있다. 국민당은 스페인의 3,4번째 도시인 발랑스와 세비야 시청도 접수했다. 좌익은 2022년부터 알베르토 누네스 페이호가 이끄는 국민당을 깎아내리면서, 이 '반동적 기류'를 차단하고, '초보수적 물결'을 막거나 나아가 '극우를 저지'해야 한다는 말을 반복해 왔다. 이런 전략이 프랑스나 이탈리아에서만큼 효과가 없었음에도, 이렇게 비난을 일삼는 근거는 무엇일까?

국민당의 기원은 프란시스코 프랑코 장군과 그 추종자들이 피로 얼룩진 스페인 내전(1936~1939)에서 승리한 뒤 세운 프랑코주의 체제에 있다. 국민당 지도자들 대다수는 프랑코주의 엘리트의 후손이다. 특히 이들 중 소수 개혁파는 1975년 프랑코가 사망한 후 스페인을 민주주의로 이끌었다. 1976년 10월, 독재정권 당시 정보관광부 장관을 지낸 마누엘 프라가 이리바르네가 인민동맹당(Alianza Popular, AP)을 창당했고, 이 인민동맹당이 10여 년 뒤 지금의 국민당이 된 것이다. 국민당의 원래 목표는 카우디요(Caudillo, 스페인어로 '지도자', 여기서는 프랑코 장군을 가리킴-역주) 정권의 정치 가문을 아우르는 7개 정치 조직을 연합하는 것이었다. 프랑코주의 고위 인사 7명, 일명 '위대한 7인'이 주도한 7개 정치조직은 '기술관료, 기독민주주의자, 팔랑헤 당원과, 민족주의 및 오푸스 데이(Opus Dei, '신의 사역'을 뜻하는 라틴어로, 에스파냐인 신부 에스크리바가 1928년 창설한 가톨릭 종교단체-역주)'(1)로 강하게 결속된 가톨릭 전통주의자를 말한다.

인민동맹당 전 사무총장 호르헤 베르스트린헤는 "인민동맹당은 프랑코주의의 종식 이후 절차에 협력하고 과도기에 참여하며, 프랑코가 남긴 정치적 공백을 메우고자 설립됐다"라고 설명했다. 이 조직의 구성원들은 '정권에서 밀려날지 모른다는 두려움' 때문에 1978년 12월

<학살 이후>, 연대 미상 - 에키포 크로니카

6일의 현행 헌법으로 이어지는 제헌선거 절차에 참여했다. 베르스트린혜는 "그러나, 인민동맹당 의원 절반은 헌법에 투표하기를 거부했다. 가장 큰 이유는 헌법이 지역에 부여한 자치권 때문이었다"라고 덧붙였다.

희미해지는 프랑코의 그림자

1982년과 1986년 총선에서의 실패(스페인 사회노동당의 압도적 승리)와 파벌들 사이의 분열은 내부 위기로 이어졌다. 이 상황을 타개하기 위해 프라가 이리바르네는 민주주의를 약화시키고 당내 서열을 강화하는 새로운 강령을 제정한다. 이렇게 인민동맹당은 국민당이 됐고, 1987년 이후 카스티야 이 레온 자치구의 젊고 야심 찬 주지사 호세 마리아 아스나르는 1989년에 프라가 이리바르네의 뒤를 이어 국민당 대표가 됐다.

이후 개혁의 시간이 시작됐다. 아스나르는 "자유주의, 보수주의, 기독-민주주의 사상의 자유로운 공존"이 목표인 대규모 통합 우익 정당을 건설하고 싶다는 뜻을 밝혔다. 그

(1) Jesus Ynfante, 'Résurrection de l'Opus Dei en Espagne 스페인 오푸스 데이의 부활', 〈르몽드 디플로마티크〉 프랑스어판, 1996년 7월호.

는 자신의 젊은 팀과 함께 스페인 전역에서 존재감을 확립시킬 임무를 맡은 강력한 정당을 제시했다. 새 지도부는 당을 제도화하고, 선거에서 더 나은 성과를 거두기를 희망했다. 아스나르가 말하는 '공존'에는 제한이 있다. 그는 1996년 제12차 국민당 회의 직전에 이렇게 말했다. "국민당에는 오직 220볼트의 전류만 흐른다. 콘센트는 내가 제어한다. 콘센트에 손가락을 넣는 사람은 누구나 감전된다!"(2)

마드리드 카를로스 III 대학 정치학자 파블로 시몬은 우리에게 이렇게 말했다. "우익은 스페인 사회노동당에 대적할 만한 강력한 정당을 만드는 데 큰 어려움을 겪었다. 우익은 거의 20년 동안 야당에 머물렀다. 거기서부터 아스나르 집권기에 매우 수직적이고 계급적이며 중앙집권적인, 당대표 중심의 구조가 구축된 것이다. 현 당대표인 알베르토 누녜스 페이호는 지도부가 단일 후보를 선택했을 때 당선됐다. 그러니 사실상 그는 지명된 것이나 다름없다." 역사학자이자 비영리 활동가인 파블로 카르모나는 이것이 내부 분열을 극복해야 한다는 의사 표명일 뿐 아니라, 권위주의적인 당이 고수하는 어법의 하나라고 본다.

카르모나는 이렇게 설명한다. "그것은 매우 프랑코적인 전통이다. 내전이 끝나갈 무렵, 프랑코는 그의 유명한 '단일화법'을 통해, 무슨 일이 있어도 위계질서는 지켜져야 한다는 군사적 논리에 따라 자신이 다수의 정치권력을 가질 수 없다고 주장했다. 그래서 그는 여러 개의 팔랑헤 당 '파시스트 정치조직'을 하나의 보호막 아래 단일화하기로 결정했다. 이로부터 국민당에서처럼 인민동맹당 내에서도 지역주의의 적(敵), 좌익, 공산주의, 프리메이슨 등에 맞서 단결해야 한다

는 사상이 나온다." 이어서 파블로 시몬이 "영토 차원에서도 마찬가지"라고 말했다. "협상이 힘겨울 때도 있었다. 그러나 지도부는 결국 대부분의 지방 및 지역 지도자들로부터 어느 정도 동조를 얻어내는 데 성공했다. 심지어 국가 지도부가 지방 차원에서 후보자들을 종용하는 경우도 있었다."

그러나 역사학자 훌리안 카사노바에 따르면, 스페인 우익의 가장 큰 문제들 중 하나는 "유럽의 우익과 달리, 스페인 정치 전통에 따르려고 분투한다는 것"이다.(3) 예를 들어 영국 우익은 프랑코주의와 달리, 민주주의와 양립할 수 없는 유명한 보수주의 사상을 주장할 수 있다. 따라서 국민당, 그 전에는 인민동맹당이 역사적 선례를 인용해 스페인 보수주의를 합법화하려고 했다. 포스트프랑코주의 우익이 19세기 말에 사망한 안토니오 카노바스 델 카스티요에서 비롯된 자유-보수 전통을 이용했을 때, 이 전략은 민주주의로 이행하는 데 꼭 필요했다.

역사학자 카를로스 다르데는, 이 전략이 민주주의의 허울을 쓰고 그 지도자들을 "프랑코의 자식들이 아닌 카노바스의 자손들"(4)처럼 보이게 하려 했다고 썼다. 또한 전 영국 총리 마거릿 대처(1979~1990 재임)와 전 미국 대통령 로널드 레이건(1981~1989 재임)이 1980년대에 행한 신자유주의-보수주의 반(反)혁명도 참고했다. 역사학자 하비에르 투셀이 보기에 "전통적 우익 출신의, 신세대 국민당 멤버들(팔랑헤 당원이었던 아스나르처럼) 다수가 급진적 자유주의자로 변모한 것은 놀랄 일이 아니다. (…) 자유주의는 보수주의 우익과 연결될 가능성이 매우 높은, 사회주의에 반대하는 근대적인 이론적 틀을 제공하기 때문이다."(5) 프랑코의 그림자는 국민당에서 점점 사라지고 있다.

(2) Juan González Ibañez, 'El enchufe lo tengo yo y quien mete el dedo se electrocuta 콘센트에 손가락을 넣는 사람은 감전된다', 〈El País〉, Madrid, 1996년 1월 9일.

(3) Ángel Munárriz, 'La victoria de "los moas" : el revisionismo alcanza la cúspide de la derecha española "모아"의 승리: 수정주의가 스페인 우파의 정상에 도달하다', 〈infoLibre〉, 2021년 7월 3일, www.infolibre.es

(4) Miguel Ángel Villena, 'La sombra de Cánovas del Castillo llega hasta los "neocons" 카노바스 델 카스티요의 그림자가 "네오콘"에 이르다', 〈El País〉, 2008년, 11월 2일에서 인용.

(5),(11),(12) Javier Tusell Gómez, 『El Aznarato. El gobierno del Partido Popular, 1996-2003 엘 아스나라토. 국민당 정부, 1996-2003』, Aguilar, Madrid, 2003.

"역사적 복잡성을 극복해야 한다"

이에 대해, 카르모나는 "이는 사회주의자들을 몰아내고 대중성을 얻을 수 있는 신자유주의 논리에 근거해 담론을 쇄신하자는 발상이었다"라고 분석했다. "강력한 개입주의 경제정책을 펼쳤던 프랑코주의의 유산을 일부 극복하고, 보다 유럽적인 보수주의, 보다 교조적인 자유주의, 보다 대서양주의적인 태도로 선회해야 했다." 국민당의 많은 지도자들은 영국의 토니 블레어 전 총리나 대서양주의적이고 신자유주의적인 실용주의를 표방한 독일의 게르하르트 슈뢰더 전 총리가 집권 당시 제창했던 '제3의 길'이 선거에서 성공하는 모습을 유심히 지켜봤고, 자신들이 아스나르가 주장한 '개혁의 중심'과 이념적으로 유사함을 강조했다. 이후 20년간 야당에 머물렀던 우익은 유럽 우익을 지지하는 전통적 유권자들 덕분에 1996년 3월 3일 총선에서 승리를 거두고 집권에 성공했다.

마드리드 카를로스 III 대학 정치학자이자 교수인 기예르모 페르난데스 바스케스는 "당시 남성, 고소득자, 가톨릭 보수주의자, 소규모 자영업자들이 집권당의 주축을 이루었다"고 분석했다. 한편 그는 "도시의 유권자만큼 시골의 유권자도 중요했다"라고 강조했다. 그러나 우익은 근소한 차이로 승리했다. 따라서 국민당은 향후 유권자를 확대하고, 특히 의회에서 안정적 다수를 구성하고자 강령을 완화했다. 의회에서 다수를 차지하려면 스페인에서 가장 중요한 두 민족주의 정당인 카탈루냐통합당(CiU)과 바스크국민당(PNV)의 지지가 필요했다. 이 두 정당은 사회-경제적인 성향이 국민당과 유사하다. 아스나르는 그 두 정당의 보수주의적 인지도를 볼 때, 스페인 통합에 큰 위험요소가 되지는 않을 것이라 판단한 듯하다.

그러나 아스나르와 그의 첫 정부는 창의적이지는 않았다. 그들은 규제완화, 세금 감면, 민영화, 긴축 재정, 유럽연합 경제통화동맹 우선 가입 등 신자유주의의 방법론들을 그대로 따랐다. 그러나 그들은 교회와 일정한 거리를 둠으로써 대중을 놀라게 했고, 낙태 합법화를 철회하지 않았다. 이것은 전략적인 조치였다. 국민당은 2000년에 이어진 총선 때 의회에서 압도적 다수를 확보한 뒤, 공립 초등학교 및 중학교에 종교 의무교육을 재도입하는 법안을 통과시켰다. 아스나르는 이렇게 소속 당의 이념적 뿌리와 더 긴밀하게 연결되는 정책을 이어나갔다.

1990년대 중반부터 아스나르는 스페인에 "어떤 역사적 복잡성"을 극복하자고 촉구했다. "최근의 프랑코주의적 과거는 우리가 차지했던 지위를 부정하거나 부끄러워하는 태도를 좌익에 부추겼다."(6) 아스나르 정부에서 역사 수정주의는 주로 보수주의자들에게 나타난다.(7) 언론인이자 작가인 피우 모아를 필두로 한 '신진 역사학자들'은 '공산주의의 위협' 앞에서 프랑코주의가 부흥한 데는 그럴 만한 이유가 있다고 주장했다. 그들이 보기에는, 오직 군사정부만이 '질서를 회복할' 수 있다. 프랑코주의는 스페인을 번영과 민주주의로 이끌었을 것이다. 프랑코주의는, 자유주의적인 보수단체 내에서 전체주의가 유럽을 위협하는 시기에 '불가피한 현상'으로 널리 인식됐다.

아스나르 정부는 카우디요 정권에 호의적이기는커녕, 교회와 우익 언론(스페인에서 독자가 가장 많은 일간지 〈엘 문도(El Mundo)〉, 〈ABC〉, 〈라 라손(La Razòn)〉과 스페인 가톨릭교회가 소유한 그룹 COPE의 라디오)이 지지하는 이념적 프로그램들을 장

(6) José Mariá Aznar, 『Espaná, la segunda transición 스페인, 두 번째 전환기』, Espasa Calpe, Madrid, 1995.

(7) Pauline Perrenot & Vladimir Slonska-Malvaud, 'Le franquisme déchire toujours l'Espagn 스페인을 분열시키는 프랑코 독재 정권의 망령', 〈르몽드 디플로마티크〉 프랑스어판 2019년 11월호, 한국어판 2020년 2월호.

(8) Francisco Espinosa Maes
-tre, 'El revisionismo en pe
-rspectiva : de la FAES a la
Academia 수정주의의 조짐:
FAES에서 아카데미아까지',
〈Conversación sobre Hist
oria〉, 2019년 9월 14일, htt
ps://conversacionsobrehis
toria.info

려했다. 역사학자 프란시스코 에스피노사 마에스트레에 따르면 "피우 모아는 황금 시간대에 공중파 TV에 출연할 만큼 위상이 높아졌다. 아스나르는 이번 여름 피우 모아의 책을 읽을 예정이라고 말하기도 했다."(8)

'스페인의 황금시대'를 찾아 미국과 손잡다

또한 아스나르는 특히 왕립역사아카데미(RAH) 같은 기관들이 발간한 저작물들을 통해, 스페인의 '황금시대'를 강조하며 스페인 역사를 재해석하는 프로그램의 제작과 보급에 많은 노력을 기울였다. 2002년 1월 마드리드에서 열린 제14차 전당대회에서 발표된 한 문헌에는 스페인이 "역사와 보편적 문화에 대한 기여와, 유럽과 아메리카라는 두 세계에 뿌리 내린 역사적 프로젝트"(9)에 자부심을 가져야 한다고 쓰여 있다. 국민당이 정복자 스페인의 현대적 '황금시대'와 다시 연결을 맺으려는 의지를 보이면서, 베를린 장벽의 붕괴 이후, 스페인은 미국과 더 가까워졌다. 프랑코는 1953년에 정권이 국제적으로 고립될 경우 스페인 쪽에서 그 고립을 깰 수 있다는 협정을 미국과 맺은 바 있다.

(9) Josep Piqué & María
San Gil, 'El patriotismo
constitucional del siglo
XXI 21세기의 헌법적 애국심',
2002년 마드리드에서 열린 제
14차 국민당 의회에서 발표된
문서.

2003년 봄, 아스나르는 미국의 이라크 침공 당시 스페인의 다른 정당들과 여론을 무시하고, 전쟁 개시 전에 정부가 의회에 승인을 요청해야 한다고 명시한 헌법을 위반하며 워싱턴을 지지했다. 그렇게 함으로써 미국의 침공을 반대하는 프랑스와 독일에 맞서, 아스나르는 스페인이 대서양주의와 경제적 자유주의에 기초한 '강력한' 새 유럽의 리더가 되기를 원했다. 그러나 다음 해에 스페인 사회노동당이 재집권함으로써 이 계획은 실패로 돌아갔다. 그리고 2003년 3월 아조레

(10) Ignacio Cosidó,
'Espaná, Europa y Estados
Unidos : el poder militar
스페인, 유럽, 미국: 군사
력', Grupo de Estudios
Estratégicos(GEES), 2003년
12월 16일.

스 정상회담에서 찍은 사진에는 스페인 총리가 조지 W. 부시 미 대통령과 토니 블레어 영국 총리 옆에서 활짝 웃고 있는 모습을 볼 수 있다.

보수 성향의 싱크탱크인 전략연구그룹(GEES)은 "몇 년 전이었다면 생각할 수도 없는 일"(10)이라며 기쁨을 표했다. 이 사진은 아스나르의 국민당이 해외에서 펼친 정치에서 절정의 순간으로 남을 것이다. 총선 3일 전인 2004년 3월 11일, 마드리드 한복판에서 발생한 이슬람의 공격은 대부분의 여론조사에서 국민당이 확실히 우위였던 판세를 뒤집었다. 정부는 투표 전날까지 바스크 독립단체 자유조국바스크(ETA)의 소행일 가능성이 높다고 거짓 주장을 멈추지 않았다. 거짓이라는 증거가 속속 드러남에도 말이다. 결국 정부에 대한 신뢰는 추락했다.

아스나르가 취한 지정학적 제스처는 민족 감정을 강화해야 한다는 강박관념을 동반한다. 이런 태도는 국민당이 헌법 제정 과정에서 포스트프랑코주의 우익의 급진적인 스페인 민족주의를 부르짖으며 모든 형태의 지방자치를 거부하게 만들었다. 1979년에 젊은 아스나르는 이미 일간지 〈누에바 리오자〉에 이렇게 썼다. "스페인의 위대함도 통합을 거쳐야만 가능하다는 것을 잊어서는 안 된다."(11)

국민당 창당멤버이자 프라가 이리바르네의 측근이며, 1989~2000년 바르셀로나 의원을 지낸 카탈루냐 출신의 마누엘 밀리안은 이렇게 말했다. "1989년 국민당이 창당됐을 때, 나는 연방의 방식으로 지역에 따라 고유한 개성과 성격을 지닌 당의 지역화가 필요하다고 주장했다. 그러나 아스나르는 듣지 않았다. 그는 스페인 통일왕국의 주역이었던 '카스티야'를 추종했다. 그에게 스페인

은 절대적으로 '하나'다. 그는 다양성을 이해하지 못한다." 1989년 아스나르가 설립했고 현재 의장을 맡고 있는 신보수주의 싱크탱크인 분석사회연구재단(FAES) 소속 역사학자 페르난도 가르시아 데 코르타사르는 "변방 민족주의의 지방 부족주의에 직면한 (…) 스페인이라는 국가의 도덕적 우월성을 명분 삼아"(12) 이 정책의 합법성을 정당화했다.

2005년에 호세 루이스 로드리게스 자파테로의 사회당 정부가 2006년에 채택 예정인 카탈루냐 자치령 개혁 절차에 착수했을 때, 국민당과 주요 우익 언론은 카스티야의 '언어적 박해'를 외치며 카탈루냐 상품 불매운동을 벌였다. 이들은 새 자치 법령이 일부다처제와 안락사를 허용한다고 거짓 주장을 펼쳤으며, 법조문이 스페인의 '분열'과 '분단'을 조장한다고 주장해 스페인 사회의 양극화를 부추겼다. 밀리안에 따르면, 국민당의 이런 태도는 "카탈루냐의 독립 요구와 더불어 오늘날 관찰되는 초국가주의"를 설명한다.

2010년, 국민당의 요청에 따라 헌법재판소는 카탈루냐 자치법을 부분적으로 효력 정지했다. 밀리안은 "이 불씨가 우리가 알고 있는 결말, 즉 2017년 10월 카탈루냐의 일방적 독립 선언에 불을 붙인 것이었다"고 말한다. 스페인 정부의 요구에 따라 헌법재판소를 불법으로 규정한 국민투표 후, 경찰의 무력탄압이 있던 날 이 지역 주민들은 독립에 찬성 입장을 밝혔다. 몇 주 동안 긴장, 시위, 파업, 양극화가 스페인을 둘로 갈라놓은 끝에, 마리아노 라호이 정부는 모든 중재를 거부하고 결국 스페인 역사상 최초로 헌법 제155조를 발동했다. 헌법 제155조는 국가가 권위주의적으로 한 지역 전체의 자치권을 중단할 수 있는 조항이다.

라호이는 2004년 아스나르에 의해 당대표로 임명됐다. 우익 일간지 〈엘 문도〉의 기자 루시아 멘데스에 따르면, 라호이의 적법성은 "2011년 선거에서 승리할 때까지" 의심을 받았다고 한다. 당시 국민당은 2008년의 부동산 거품 붕괴와 그로 인한 심각한 경제 위기로 선거마다 기록을 경신했고, 그 결과 로드리게스 자파테로의 사회당 정부에 심각한 타격을 입혔다. 그러나 국민당의 신보수파인 아스나르 지지자들은 라호이가 종교적 가치 수호, 낙태 또는 동성 결혼 같은 사회 문제에 너무 미온적인 태도를 보인다고 비난하면서, "지금까지 당 내부에 머물렀던 갈등이 외부로 표출됐다"고 했다.

시우다다노스와 복스, 우파의 부상

분석사회연구재단(FAES) 이사장인 하비에르 자르잘레요스에 따르면 그의 정책은 '당의 탈이념화'라는 특징을 가지며, 이를 위해 국민당은 이제 "강령에 충실한 운영, 상식, 사법적 정통성, 순조로운 의회 쪽으로"(13) 선회할 것이다. 멘데스의 주장에 따르면, 그런데도 "라호이에게 치명적이었던 것은 카탈루냐 문제였고 이를 빌미로 시우다다노스(Ciudadanos, 시민당, 중도우파)와 복스(Vox, 극우파)는 국민당과 국민당의 위기관리에 대해 불만을 제기했다."

6년간 정부 수반을 지낸 라호이는 국민당이 4,300만 유로의 뇌물을 수수한 '귀르텔 사건'의 제도화된 부패 혐의로 유죄판결을 받자, 스페인 민주주의 역사상 최초로 내각 불신임 결의안에 의해 2018년 6월 총리직에서 물러났다. 라호이의 뒤를 이어 사회당의 페드로 산체스가 총리에 취임했다. 국민당의 악몽은 현실이 됐고, 우파는 산산조각 났다.

우선, 2006년 카탈루냐에서 출범한 지

(13), (14) Jesús Rodríguez, 'La derecha se libera de complejos y ya no quiere ser de centro 우파는 고정관념에서 벗어나 더 이상 중심이 되기를 원하지 않는다', 〈El País〉, 2019년 4월 14일.

<메니나 아메리카나>, 1974 - 에키포 크로니카

역 정당인 '시우다다노스'는 '분노한 이들'의 움직임으로 구현되는 정치적 대표성의 위기가 있었던 2015년부터 이미 강력한 발전을 경험했다. 오늘날 스페인의 정치 지형에서는 거의 사라진 이 자유로운 정당의 현대적 이미지는, 계속되는 부패 사건으로 얼룩진 국민당의 이미지와 대조됐다.

또한, 2013년에 창당한 극우파 '복스'의 부상도 엿볼 수 있다. 복스는 2017년 10월 카탈루냐 위기 때 스페인 전역에서 조직된 국가 수호 시위를 주도했고, 국민투표에 반대하는 뜻에서 스페인 국기를 발코니에 걸어두는 '발코니 혁명'을 이끌면서 존재감을 얻었다. 복스는 눈부신 부상으로 지난 5월 28일 지방선거 및 시의회 선거에서 스페인의 세 번째 세력으로 자리 잡았다. 정치학자 페르난데스 바스케스는 우리에게 이렇게 설명했다. "국민당은 언제나 스페인 민족주의 정당이었고, 많은 사람이 카탈루냐 국민투표 이후 라호이가 너무 무기력하게 반응했다고 생각했다. 그들은 라호이가 더 일찍 카탈루냐를 막지 않았다고 비난했다. 그래서 복스는 콤플렉스 있는 우파를 구현한다고 라호이를 비난했던 국민당의 전직 지도부로 구성됐다. 그들은 2002~2003년의 아스나르의 DNA가 당의 DNA라고 주장한다."

사실 "이 우익들은 경제적 자유주의, 스페인 통합, 바스크와 카탈루냐의 민족주의 거부 등 많은 부분에서 일치한다. 그들을 구별하는 것은 바스크와 카탈루냐 민족주의와 사회 문제들을 얼마나 신랄하게 보느냐 하는 정도의 차이일 뿐이다. 그리고 복스의 경우, 어느 정도는 프랑코 시절의 과거에 대한 향수를 전제한다"고 카르모나는 분석한다. 게다가 이 세 정당(국민당, 시우다다노스, 복스)의 지도부 중 상당수가 분석사회연구재단(FAES)을 거쳤고, 언론계 출신도 있다.

일례로, 인테레코노미아의 사장 훌리오 아리자가 있다. 인테레코노미아는 아스나르의 두 번째 임기 동안 우파가 활개를 쳤던 2000년대에 떠오른 신보수주의 성향의 막강한 디지털 미디어 네트워크로, 훌리오 아리자는 "시우다다노스와 복스가 이곳에서 탄생했다. 우리는 그들이 유럽 선거에서 패해 선거를 접고자 했던 2014년의 힘겨웠던 시기에 특히 그들을 지지했다. 그들은 모두 인테레코노미아에서 투쟁했다. 2019년까지 시우다다노스 당대표였던 알베르트 리베라는 매주 회사를 방문했다"고 자랑했다.(14)

현재 이 언론사의 수많은 진행자와 기자들은 국민당, 시우다다노스, 복스에 선거 명부와 이념적 중심들을 공급한다. 그들은 오늘날 이사벨 디아스 아유소와 20년 동안 신보수주의의 기반이 돼온 마드리드의 국민당이 구현하는 '열등감에서 벗어난' 이 우파의 담론을 하루 종일 방송한다. 페르난데스 바스케스는 미디어가 지나치게 재현하는 이런 흐름의 영향은 "이 언론기관의 상당수가 마드리드에 기반하고 지역의 국민당 정부로부터 꽤 많은 재정적 지원을 받았다"는 사실에 의해 부분적으로 설명된다고 말한다.

2018년에 국민당 대표에 임명된 파블로 카사도 역시 이 아스나르파 신보수주의 출신이다. 당의 이념을 '재편'하기로 결심한 그는 심각한 내부 갈등 끝에 2022년에 대표직에서 물러났다. 시몬은 카사도의 뒤를 이어 13년간 갈리시아 지방의 대표로 활동했던 누네스 페이호의 선택에 대해, "일이 잘못됐을 때 그들은 어떻게 하는가? 그들은 균형 잡기와 재시작을 반복한다"라고 조롱했다. 누네스 페이호는 "경제적 운영, 신뢰성, 그가 '대표직'에 있다는 사실을 강조하며" 부단히 노력하고 있다. 사회적 혹은 '도덕적' 문제를 거론하는 것은 말할 필요도 없지만, 시몬에 따르면 그의 보수주의는 "보기보다 더 현실적이다."

이어서 시몬은 국민당이 아직 운영되고 있다는 것에 다시 집중하는 전략적 움직임은 "당으로서는 거의 유전적이거나 사활이 걸린 문제다. 인민동맹당과 함께 탄생한 이래, 프랑코의 당이라는 이미지를 제거해야만 했기 때문이다"라고 말한다. 사회당의 역사적 지도자인 알폰소 게라는 이 상황에 대해 다음과 같은 말을 남겼다. "그들은 수년 동안 중심을 향해 갔는데, 아직도 중심에 도착하지 못했다. 대체 왜 그렇게 시간이 걸리는가?"(15) **ᴸᴰ**

(15) 'Viaje al centro, pero ¿de quién? 중심으로의 여행, 그러나 누구를 위한 여행인가?', 2020년 4월 5일, theobjective.com

글·마엘 마리에트 Maelle Mariette
기자

번역·조민영
번역위원

"우리 성을 적지 마세요. 가족들이 아직 이란에 있어요."

아메리칸 드림에 갇힌 '테헤란젤레스'의 망명자들

미국 로스앤젤레스에 자리 잡은 대규모 이란 커뮤니티는 흔히 연대감이 강하고 부유하며 진취적이고 그들끼리 잘 뭉치는 것으로 묘사된다. 이란 정권을 비판하는 목소리는 높지만(일부는 이란 정권이 무너지고 고향으로 돌아가기만을 기다리고 있지만) 이곳 디아스포라(특정 민족이 기존에 살던 땅을 떠나 다른 지역으로 이동해 집단을 형성하는 것 또는 그런 집단-역주) 내 정치적 부조화는 여전히 심각하다.

세드릭 구베르뇌르 ▌특파원

웨스트우드 대로는 로스앤젤레스 중심부, 캘리포니아 대학교(UCLA) 캠퍼스와 트렌디한 웨스트우드 빌리지 지구(쿠엔틴 타란티노 감독의 영화 〈원스 어폰 어 타임 인 할리우드〉(2019)에 등장한 아르데코 영화관 폭스 시어터 타워가 있음) 바로 남쪽에 자리하고 있다. 언뜻 보기에 웨스트우드 대로는 거대한 로스앤젤레스를 가로지르는 다른 직선 도로들과 다를 게 없다.

하지만 로체스터 애비뉴를 지나 웨스트우드 대로에 들어서면 마치 테헤란의 어느 거리를 로스앤젤레스로 옮겨놓은 것 같은 인상을 받게 된다. 간판 대부분이 페르시아어로 돼 있고, 카펫 상점뿐만 아니라 페르시아 서적과 캘리그래피를 판매하는 서점도 있다. 청록색 도자기와 차 세트, 물 담뱃대, 이란식 주사위 게임인 타크테 나르드 세트를 판매하는 장인들도 있다.

"차이나타운은 많지만, 테헤란젤레스는 하나"

1979년 이슬람 혁명 이후 미국과 이란은 외교 단절 상태이기 때문에 미국에서 이란으로 여행하려면 수많은 경유지를 거쳐야 해서 여행사도 아주 많다. 그런데 이곳의 레스토랑 간판에는 테헤란이나 페르시아, 샤프란, 장미, 난초가 들어가 있다. 길거리에서 들리는 대화 대부분은 페르시아어로 이루어진다. 배관공이 밴에서 내려 손님에게 페르시아어로 말을 하기도 한다. 지하 주차장 입구 표지판도 영어와 페르시아어로 돼 있다.

이런 웨스트우드 대로에도 전형적인 미국 느낌이 나는 곳이 있다. 드라마 〈베터 콜 사울〉에서 밥 오덴커크가 맡은 캐릭터처럼 자신의 서비스를 선전하는 변호사의 광고판이다. 다만 광고판 속 변호사의 이름은 앵글로색슨식이고 성은 이란 성이며 광고판 문구는 페르시아어로 돼 있다는 점이 다르다. 이란계 미국인은 미국 전역에 거주하고 있고, 인터뷰에 응한 사람들 가운데 일부는 노스캐롤라이나나 켄터키에서 자랐다가 로스앤젤레스로 이주해왔다고 했다. 하지만 이란 태생으로 UCLA에서 사회학을 가르치는 케반 해리스는 "미국에 차이나타운이 많지만 테헤란젤레스는 단 한 곳뿐이다"라고 말했다.

상점 창문에 1979년 전복된 왕조의 상징인 사자와 태양 문장이 그려진 삼색기가 걸려 있는 곳이 많다. 퇴위당한 모하메드 레자 팔레비 국왕(1919~1980)의 초상화가 걸려 있는 곳도 있다. 거리 양쪽에는 신호등과 가로등에 강렬한 청록색 포스터가 매달려 있고, '여성·생명·자유(Zan·Zendegi·Azadi)'라는 문구가 적혀 있다. 2022년 9월 16일 22세의 마흐사 아미니가 테헤란에서 히잡을 제대로 착용하지 않았다는 이유로 경찰에 체포된 뒤 구금 중에 사망하면서 촉발된 시위 슬로건이다.(1)

이란 달력에서 봄의 첫날이자 새해를 뜻하는 노루

즈 축제를 맞이해 파흐랑문화재단은 웨스트우드뿐만 아니라 인근 윌킨스 대로(이란 출신 인구가 많아서 '페르시아 회랑'이라는 별명이 붙음)와 관광객이 많이 찾는 할리우드 대로 등 번화가 여러 곳에 포스터를 붙였다. 웨스트우드에는 마흐사 아미니의 초상화가 곳곳에 걸려 있고, '여성•생명•자유'라는 영어와 페르시아어 문구가 적힌 티셔츠와 모자도 쉽게 찾아볼 수 있다. 모서리가 너덜너덜해진 포스터는 이란계 미국인 커뮤니티가 9월부터 로스앤젤레스에서 조직한 수많은 지지 시위를 떠올리게 한다.

로스앤젤레스 제5지구는 웨스트우드 대로와 로체스터 애비뉴 사이 사거리 이름을 '여성•생명•자유 광장' 교차로로 변경할 계획이다. 윌킨스 대로와 교차하는 지점에는 지나가는 사람들에게 현재 위치가 '테헤란젤레스'의 심장부인 페르시안 광장임을 알리는 금색 현판이 있다. 익명의 기부자로부터 기증을 받은, 붉은 글씨로 시위 슬로건이 적힌 거대한 흰색 표지판이 이곳 사거리를 굽어보고 있다.

레스토랑에서는 사프란 라이스와 함께 케밥 쿠비데가 나온다. 이란계 미국인들이 이란이나 이란의 금기 사항과는 거리가 먼 이곳에서 와인과 함께 먹을 수 있는 그릴 요리로, 분명히 캘리포니아산이다.

종교에 무관심한 사람들

2023년 4월은 라마단 기간이다. 하지만 테헤란젤레스에는 전혀 그런 기미가 없다. 카페와 레스토랑은 붐비고, 히잡을 쓴 여성들도 아무도 없고, 수염을 기른 사람들은 힙스터(hipster. 대중의 유행을 따르지 않고 자신만의 패션이나 문화를 추구하는 사람-역주)들 뿐이다. "라마단이요?" 익명을 요구한 이란계 미국인 상점 주인이 깔깔 웃으며 말한다. "이곳에서는 지금이 라마단인지도 모르는 사람들이 태반입니다!"

이란 커뮤니티의 권익을 증진하는 로비 단체인 이란계미국인공공업무연맹(PAAIA)이 실시한 설문조사에 따르면, 이란계 미국

(1) Mitra Keyvan, 'Les Iraniennes allument un brasier social 이란의 젊은 여성 시위, 히잡 반대에서 정권 타도로 확산', <르몽드 디플로마티크> 프랑스어판·한국어판, 2022년 11월호

<LA에 소재한 자신의 부티크에서 일하는 루벤 새디안씨, 테헤란에서 40년 사업을 한 뒤 17살부터 이곳에 살고 있다>, 2020 - 켄드릭 브린슨

(2) 바하이교는 시아파가 기다리던 12대 이맘이 후세인 알리 누리(1817~1892)의 모습으로 이미 돌아왔다고 생각한다. 바하이교 신자 30만 명이 이단으로 몰려 박해를 받았다. 'Iran. Les attaques 1implacables visant la minorité religieuse baha'ie persécutée doivent cesser 이란, 박해 받는 소수 종교 바하이교 신자를 노리는 무자비한 공격은 중단돼야 한다.' <국제앰네스티>, 2022년 8월 24일, www.amnesty.org

(3) 'Religious Landscape Study', Pew Research Center, 2007년, 2014년, www.pewresearch.org

인 중 무슬림은 약 27%에 그친다. 약 32%는 불가지론자나 무신론자이며, 또한 약 25%의 종교는 유대교, 아르메니아 정교, 아시리아 기독교, 조로아스터교, 바하이교(2) 등이라고 한다. 한편, 2014년을 기준으로 미국인은 8%만이 스스로 무신론자 또는 불가지론자라고 답했다. 25% 이상이 낙태하는 여성을 사형에 처해야 한다고 생각하는 가장 근본주의적인 복음주의자(3)라고 답했다.

이란계 미국인 커뮤니티에 머무는 동안, 히잡을 쓴 사람을 단 한 명 만났다. 이곳에서 종교인은 기독교 전도자 두 명이 전부일 것이다. 이란계 미국인들이 이슬람 종교에 무관심하다. 죽음에 관해서도 담담하다. 동쪽으로 한 블록 떨어진 웨스트우드 공동묘지에는 이란계 미국인 수백 명이 묻혀 있지만, 1990년 망명 생활 중에 사망한 가수 하이예데의 무덤을 제외하고는 메카 쪽을 바라보는 무덤은 거의 없다. 2000년에 사망한 시인 나데르 나데르푸르의 비석에는 손가락질당하는 이란이 무너지면 그의 유해가 본국으로 송환될 것이라고 적혀 있기까지 하다. 9월에는 사라 포셋과 마릴린 먼로가 묻힌 이곳 공동묘지에 마사 아미니 기념관이 세워질 예정이다.

로스앤젤레스 남부 오렌지 카운티에는 무슬림 이란계 미국인이 많이 살고 있다. 2018년 9월 로스앤젤레스에서는 예언자 무함마드('모하메드')의 손자 후세인이 순교한 날을 추모하는 아슈라 행사 기간 동안 독실한 시아파 신자 수십 명이 공공장소에서 쇠사슬로 자신의 몸을 직접 때리는 의식을 치렀다. 언론인 닐루파 만수리는 "무슬림이 아닌 이란인들은 그들에게 공동체의 수치라며 야유를 보냈다"라고 말했다. 만수리는 런던과 워싱턴에 본사를 둔 야당 언론 <이란 인터

(4) Sharareh Omidvar, 'Vers un Iran post-Ahmadinejad 아흐마디네자드 이후 이란을 향해', <르몽드 디플로마티크 블로그(La valise diplomatique)>, 2010년 6월 10일

내셔널>의 로스앤젤레스 특파원으로 2009년 녹색운동 당시 체포되기도 했다.(4)

"역설적인 것은 그들의 시위할 권리를 보장하기 위해 경찰이 개입했다는 점입니다." 이슬람교를 믿는다고 해서 이란 정권에 충성한다는 의미는 아니다. 웨스트우드에서 몇 마일 떨어진 모터 애비뉴에 있는 시아파 모스크(관계자들은 우리의 인터뷰 요청에 응하지 않았다)에는 '여성·생명·자유운동'을 지지하는 현수막이 걸려 있다.

PAAIA 자료에 따르면 이란계 미국인의 절반가량이 여전히 이란에 가까운 가족들이 있으며, 인스턴트 메시징 앱을 통해서 이란 가족들과 정기적으로 연락하고 있다. 이란에서 휴가를 보내는 사람들도 있다. 적어도 2022년 9월까지만 해도 그랬다. 우리가 만났던 모든 사람들은 이란 당국이 이중 국적을 인정하지 않고 있고 이중 국적자들이 심문을 당하는 일이 발생하는 등 이란 여행은 이제 너무 위험하다고 말했다.

"사회적으로 성공한 이란계 미국인들"

웨스트우드에서 상점을 운영하는 두 남성은 "우리 성을 적지 말아주세요. 가족들이 아직 이란에 있어요"라고 부탁했다. 그들은 많은 이란계 미국인들이 그렇듯, 존과 제임스라는 영어식 이름을 가지고 있었다. "사람들이 기억하기 쉽기 때문이죠. 중국계 미국인들도 마찬가지입니다." 이들은 인종차별을 당한 적이 있을까? 70대의 제임스는 "'인질극'이 벌어졌을 때만"이라고 대답했다. "그럴 때면 이탈리아인이나 라틴계인 척했어요." 1979년 11월, 주테헤란 미대사관이 습격을 당했고, 1981년 1월까지 444일 동안 직원들

이 인질로 잡혀 있었다.

40대의 존은 차별받은 적은 없다고 대답했다. "여기 로스앤젤레스이고 모두 타지 사람들이죠. 에티오피아인들이 사는 동네도 있습니다. 사람들은 마음이 열려 있어요. '레드넥(미국 남부지역의 보수적인 백인 시골 남성-역주)'이 많은 남부 지역에서는 인종차별이 심했을 겁니다." 존은 1979년, 생후 7개월이었을 때 미국에 왔다고 했다. "부모님은 저를 말에 묶었고, 쿠르드족 월경 안내인들은 우리더러 산을 넘게 했습니다. 샤(국왕-역주)가 물러나기 몇 달 전, 아버지가 알고 지내던 미국인이 물라(이슬람교 율법학자-역주)들이 정권을 잡을 것이라고 경고했습니다. 하지만 아버지는 그 말을 믿고 싶지 않으셨죠. 다른 이란인들은 이미 변화를 감지하고 1976~1977년에 미국으로 이민을 떠났습니다. 그들은 미국에 투자했죠. 그들의 자산은 20배로 뛰었고, 큰 부자가 됐습니다."

사회학자인 케반 해리스는 "남부 캘리포니아의 많은 사람들처럼 이란 이민자들도 1970년대에 부동산에 투자했다. 가격은 한 번도 떨어진 적이 없다"라고 말했다. 미국에서 이란 이민자들은 사회적으로 성공한 사람들이란 이미지가 있다. 많은 사람들이 부동산업계에서 일하거나 엔지니어, 컴퓨터 과학자, 자유업(고도의 전문적인 지식을 수단으로 하는 독립자영업자 또는 그 직업-역주) 종사자들이다. 우버를 창업한 다라 코스로샤히, 이베이 창업자 피에르 오미디야르(프랑스 태생), 패션 디자이너 비잔 팍자드(2011년 사망) 등이 모두 이란 출신이다.

존은 "30만 달러가 든 결혼식 파티에 가본 적이 있다"라고 말하면서도 다음과 같이 강조했다. "하지만 우리는 〈선셋의 샤들(Shahs of Sunset)〉에 나온 사람들과는 전혀 다릅니다." 이란 커뮤니티가 가진 명성 덕분에 〈브라보 케이블〉 채널에서는 2012년부터 2021년까지 〈선셋의 샤들〉이라는 리얼리티 TV 프로그램을 방영했는데, 해당 프로그램에서는 비벌리힐스에 사는 부유한 이란계 미국인들이 나왔다.

웨스트우드에서 동쪽으로 몇 마일 떨어진 이 세련된 지역에는 많은 디아스포라가 살고 있다. 2007년부터 2013년까지 이란계 미국인인 지미 델샤드는 비버리힐스 시장을 역임하기도 했다. 델샤드 전 시장은 1939년 쉬라즈의 유태인 가정에서 태어났으며 스무 살에 두 형제와 함께 이란을 떠났다. "우리는 미네소타에 살았습니다. 학비를 마련하려고 델샤드 트리오라는 그룹을 결성해서 결혼식에서 연주를 했죠. 저는 산투르(이란의 전통악기-역주)를 연주했고요." 그는 웃으며 말했다. "제가 로스앤젤레스에 도착했을 때 이란 출신 사람들은 거의 없었습니다."

20세기 초 시카고에 정착한 소수의 상인들을 제외하면 샤 왕정이 몰락하기 전까지 미국에는 이란계 이민자가 거의 없었다. 대부분이 유학 때문에 미국에 머물렀다. 이란의 독재자는 청년들이 자국 캠퍼스에서 봉기하는 것보다 외국 대학에 다니는 것을 선호했기 때문이다… 이슬람 혁명 이후 많은 이란인들이 도피길에 올랐지만, 1979년 전에 미국으로 유학을 떠났던 많은 청년들은 민주주의를 꽃피우겠다는 희망을 안고 이란으로 돌아갔다. 익명을 요구한 파리흐는 "우리는 자유와 평등을 위해 돌아갔지만 체포됐습니다"라고 한숨을 내쉬었다.

"호메이니는 혁명을 왜곡했습니다. 이란의 좌파는 이슬람 혁명 이후 숙취와 함께 정신을 차렸습니다"라고 사회학자 케반 해리스는 말했다. "그들에게 '샤'는 제국주의의 꼭두각시에 불과했습니다. 그리고 그들은 호메이니와 함께 있게 됐죠…" 탄압에서 살아남은 사람들은 미국으로 돌아가기를 선호했다. 초기 이란계 이민자들은 소수 민족, 이라크 전쟁(1980~1988) 동안 아들의 징집을 걱정하는 부모, 탈영병, 그리고 1999년 이란 학생 시위, 2009년 이란 대통령 선거 항의 시위, 2022년 마흐사 아미니 사망 이후 촉발된 이란 시위 등 계속된 시민저항 운동의 물결과 함께 했다.

망명자들의 다양한 사연

로스앤젤레스에서 VTC(운전기사가 딸린 승용차-역주) 운전기사로 일하고 있는 바흐만은 이라크 전쟁 참

전 용사로 이란 정권이 "헌병대에 입대해서 시위대에게 총을 쏘라"고 하자 탈영했다고 말했다. 그는 휴대폰으로 블록버스터 영화에서 스타들과 함께 등장하는 자신의 모습이 담긴 스크린샷을 보여주며 "할리우드에서 엑스트라로 일하고 있습니다. 그게 제 꿈이었어요!"라고 말했다. 어떤 택시기사는 씁쓸한 표정으로 털어놓았다. "나는 이슬람 혁명을 일으킨 바보들 중 한 명이었다. 돌아가는 상황을 보고 떠났다. 탄압과 부패뿐이었다."

프레드의 경우에는 도망을 쳐야 했다. "2009년 이후 바하이교도인 저는 이란에서 일자리를 구하는 것이 불가능해졌습니다." 파리사는 20년 전에 이란을 떠났다. 그녀는 "터키에 있던 망명 초기 몇 달은 히잡을 벗지 않았어요. 억압이 내면화된 거죠"라고 떠올렸다. 10년 전에 미국으로 온 40대 레자는 "1999년과 2009년에 시위에 참가했어요. 저도 부모님도 독실한 신자는 아닙니다. 이란이 추구했던 모습은 실제 국가의 모습과 동떨어져 있어요."라고 말했다.

원래의 이란계 미국인 커뮤니티는 대부분 왕정주의자였지만, 40년간 다양한 사람들이 이주하면서 변화했다. PAAIA가 실시한 여론 조사에 따르면 왕정 회복에 찬성하는 사람은 12%에 불과하다.(5) 케반 해리스는 "왕정에 대한 낭만적 향수를 품고 있는 사람들과 팔레비 정권으로부터 실제 혜택을 받은 사람들 사이에서 '왕정주의자'를 어떻게 정의하느냐에 따라 의견이 갈리고 있다"라고 덧붙였다.

60대인 에릭은 "제 삼촌은 경찰 때문에 돌아가셨지만 저는 샤를 좋아합니다. 샤는 조국과 민족을 사랑하셨어요. 전 그의 아들이 왕위에 오르는 것을 보고 싶습니다"라고 말했다. 샤의 아들인 레자 팔라비는 1960년생으로 현재 메릴랜드에 살고 있으며, 입헌군주제를 선호한다는 자신의 생각을 분명히 밝혔다. 에릭은 이란으로 '가끔' 돌아갔다고 했다. 하지만 시위에 참가한 친척이 살해되자 충격을 받아 9월에 "이란 여권을 불태워버렸다"고 했다.

현재에 대한 거부는, 과거의 미화로 이어지기도 한다. 로스앤젤레스 남부에 위치한 어바인 대학교의 페르시아 연구과 전 학과장 나스린 라히미에는 이렇게 전했다. "사람들은 당시의 삶을 그리워합니다. 하지만 샤 정권은 국민들이 봉기하게끔 만들었습니다. 당시 저는 어렸지만 집 밖의 강요된 침묵과 사회에 퍼진 공포를 아직 기억하고 있습니다. 사람들이 사라졌습니다. 되돌아온 사람들은 고문으로 망가졌고요."

(5),(6),(7) 'National public opinion survey of the Iranian American community', 2023, www.paaia.org

<이란에서 생활한 삶의 추억들>, 2020 - 켄드릭 브린슨

그녀는 또한 샤 정권의 혼란스러움과 지나친 야심, 그리고 1971년 페르세폴리스에서 열린 왕정 수립 2,500 주년 기념 행사의 사치스러움에 대해 다음과 같이 떠올렸다. "고대 사극 같았어요!" 왕정의 연속성은 신화와 같다. "2,500년 동안 여러 왕조가 권력을 차지하기 위해 서로를 학살했습니다. 샤 자신도 쿠데타를 일으킨 대령의 아들입니다." 1921년 영국에 의해 왕위에 오른 수비대장 레자 칸이 그의 아버지다.

이란계 미국인의 과반수(60%)는 현재 의회공화제를 원한다. 개혁된 이란 이슬람공화국의 출현을 희망하는 이들은 극소수(12%)에 불과하다. 2005년 개혁가 모하마드 카타미 대통령의 뒤를 이어 보수적인 마흐무드 아마디네자드 대통령이 집권하면서 그 희망은 사라져버렸다. "선거는 민주주의의 마지막 단계이지 첫 단계가 아니다"라고 웨스트우드 상공회의소의 루즈베 파라하니푸르 회장은 말했다.

파라하니푸르 회장은 1953년 영국-이란석유회사의 국유화를 단행했다는 이유로 CIA가 선동한 쿠데타에 의해 실각한 모하마드 모사데그('모시'라고 부름) 전 총리를 지지한다고 밝혔다. 파라하니푸르 회장은 1999년 학생 봉기의 주도자 중 한 명이었다. "체포됐고 고문당했습니다. 그러다 보석으로 풀려났죠. 재판 직전 한 신문에 오보가 났습니다. 제가 사형선고를 받았다는 겁니다. 그 오보 덕택에 살았습니다. 터키로 가는 장거리 버스 짐 칸에 숨어 이란을 떠났으니까요."

조로아스터교도인 파라하니푸르 회장은 난민 신분으로 2000년 5월 웨스트우드에 도착했고, 지역 사회로부터 지원을 받았다. "그들은 저에게 300달러를 빌려주고 식료품점 위의 방 한 칸과 일자리를 제공했습니다." 20년이 지난 현재 그는 웨스트우드 대로에 세 번째 레스토랑을 오픈했다. 할리우드 사진으로 장식된 전형적인 미국식 정찬을 제공하는 레스토랑이다. 이란 체제에 반대하는 그는 지칠 줄 모르고 2009년 여름 녹색혁명을 돕기 위해 이란으로 비밀리에 출국하기도 했다. "위성 전화기를 들고 산속에 있었습니다. 테헤란에 도착하기 전에 돌아서야 했습니다. 너무 위험했으니까요."

"여성·생명·자유운동은 이란 정권의 마지막 장"

그는 '모시'와 마하트마 간디의 초상화로 장식된 회의실로 우리를 안내했다. "이곳에서 이란의 붕괴를 위해 일하는 각계각층의 반체제 인사들을 만납니다. 무섭지 않습니다. 그렇게 적으셔도 좋습니다."라고 그는 웃으며 설명했다. PAAIA 여론조사에 따르면, 이란계 미국인 가운데 이란 정권을 지지하는 사람은 7%에 불과하다.(6) 지난 10월, 일부 이란 정권 지지자들이 '여성·생명·자유운동'의 순교자들을 기리는 테이블이 있는 그의 페르시아만 레스토랑 기물을 파손했다.

이란 언론에는 그에 관한 기사가 정기적으로 실리고 있다. "그들은 심지어 그리스 식당을 열었다는 이유로 저를 비난하기도 했습니다. 제가 이란을 싫어한다는 증거라고 하더군요. 페르시아와 그리스는 고대에 적대국이었으니까요!" 그의 회의실 테이블 위에는 샴페인 한 병이 적당한 때를 기다리고 있다. "여성·생명·자유운동은 이란 정권의 마지막 장입니다. 하지만 마지막 몇 장은 길어질 수 있죠."

뉴욕에 거주하며 언론과 소셜 네트워크에서 활발히 활동하는 이란계 미국인 언론인 마시 알리네자드가 이란 정권의 요원들에게 납치될 뻔한 일도 있었다. 웨스트우드 주민들 가운데 이란 정권의 스파이가 있다고 주장하는 사람들도 있다. 반대로 로스앤젤레스에는 전직 사바크(혁명 전 이란의 국가치안정보국-역주) 요원도 있다.

지난 2월, 여성·생명·자유운동을 지지하는 시위에 샤의 사악한 정치경찰인 사바크의 전 수장이 참석해 이란계 미국인 커뮤니티에서 소동이 벌어졌는데, 이에 대해 만수리는 다음과 같이 평했다. "이는 세대의 문제입니다. 일부 오래된 왕정주의자들이 보기에 사바크는 테러리즘에 맞서 싸운 존재입니다. 하지만 우리 세대가 보기에는 사바크가 자행하는 탄압이나 이란 정권이 자행하는 탄압이나 별 차이가 없습니다. 이란 정권은 사바크의 사진을 가지고 시위에서 주장하는 바를 폄훼하는 데 주저함이 없었습니다.

여성·생명·자유운동을 지지하며 단결된 이란계 미국인 커뮤니티에서도 왕정주의 과거와의 관계나 제재 문제를 놓고 여전히 의견이 나뉘고 있다. 제재를 완화해야 한다고 주장하면 이란을 지지하는 것처럼 보일 수 있고 소셜 네트워크에서 악담을 들을 수 있다. 2015년 7월 14일 비엔나에서 체결된 미국과 이란 핵 합의(2018년 도널드 트럼프 미대통령이 파기함)도 논쟁을 불러일으켰다고 PAAIA의 모라드 고르반 상무이사는 말했다. "많은 사람들이 이란의 행동이 달라지고 정상화되기를 바라는 마음으로 이란 핵 합의를 지지했습니다."

1979년을 기준으로 나뉘는 이민자 세대

현재 이란계 미국인의 수는 최소 50만 명으로 추산된다. "최근 인구 조사에 따르면 우리는 49만 8,000명 정도입니다"라고 고르반 상무이사가 말했다. "하지만 설문지에는 '이란인' 항목이 없습니다… 아마 100만에서 150만 명 사이일 겁니다." 확실한 것은 이란계 미국인 코미디언 마즈 조브라니가 비꼰 것처럼 로스앤젤레스 내 이란 커뮤니티의 밀집도를 보면 그들끼리 뭉쳐서 살 수 있을 정도라는 것이다. "이란계 미국인 가운데는 영어를 거의 못하는 사람들도 있다는 사실을 눈치 채셨을 겁니다."라고 레자는 말했다. "그럴 필요가 없으니까요! 그들은 페르시아어만 해도 충분히 생활할 수 있습니다." 모국어인 페르시아어만 사용하는 사람들은 단지 1979년 미국에 가장 먼저 도착한 사람들만이 아니다. 40대인 파리사 파르하디는 라디오 채널 〈보이스 오브 아메리카(VOA)〉의 페르시아어판 기자로 20년 전에 이란을 떠나왔다. "어느 날 오랜만에 미국인 친구와 저녁을 먹었습니다. 갑자기 그때 제가 4년 동안 영어로 제대로 된 대화를 해본 적이 없다는 사실을 깨달았습니다! 제 모든 사회생활과 일은 페르시아어로 이루어집니다."

레자는 이란 커뮤니티에서 분열이 생겼다고 말했다. "제가 보기에 1979년에 미국으로 이민을 온 사람들은 샤의 초상화와 70년대 관행과 함께 이란에 대한 고정관념을 가지고 있습니다. 저는 다른 이란에서 자랐습니다. 이것은 단순히 세대의 문제가 아닙니다. 1979년에 부모님을 따라 이민을 온 제 또래의 이란계 미국인들은 할리우드 블록버스터 영화

를 보며 자랐지만, 저는 어린 시절 테헤란에서 살 때 페드로 알모도바르나 에미르 쿠스투리카의 영화를 몰래 숨겨서 거래하곤 했습니다." '1979년에 이민 온 사람들'은 또한 미국의 민주주의적 삶에 적응하는 데에도 시간이 걸렸다.

델샤드 전 비벌리힐스 시장은 자신이 참여한 첫 선거 캠페인을 떠올렸다. "이란계 미국인들은 유권자 등록을 하지 않았어요. 그들은 언젠가는 이란으로 돌아갈 것이라고 믿고 있었습니다. 저는 그들에게 이란이 무너져도 그들의 미국 국적 자녀들은 이란에 가서 살지 않을 것이라고 말했습니다. 그러니 여기서 투표해야 한다고요!" 그는 "동구 출신 유태인과 지중해 연안 출신 유태인을 화해시키기 위해" 지역 유태교회당에 나가기 시작했다. "어느 날 거리에서 길을 묻고 있는데 '너희 나라로 돌아가라'는 말을 들었습니다… 9월 11일 직후였죠. 저는 중동 출신 이민자들에 대한 이미지를 바꾸기 위해 정치에 참여하게 됐습니다."

고르반 상무이사는 이란에서 계속되는 봉기로 인해 미국 내 이란계 미국인의 이미지가 바뀌었다고 말했다. "미국 대중은 이란인들이 용기를 내서 봉기하고 이란계 미국인들이 그들을 지지하는 것을 봤고, 이란 정권이 그들을 대표하지 않는다는 사실을 알고 있습니다." 미국 언론은 여성·생명·자유운동을 지지하는 이란계 미국인 커뮤니티의 로스앤젤레스 시위를 다뤘다. 르반 상무이사는 지난 2월, 시위 음악이 된 아티스트 셰르빈 하지푸르의 노래 〈바라예(Baraye)〉가 그래미상을 수상하면서 여성·생명·자유운동이 대중에게 알려지게 됐다"고 말했다. 트럼프 대통령 시절 2017년에 선포된 '여행 금지령'으로 인해 이란을 포함한 7개 무슬림 국가 국민의 미국 입국이 사실상 불가능해졌고, 이란계 미국인들도 고통을 받았다.

"어떤 전쟁도 민주주의를 주지 않는다"

역설적인 것은 "많은 노인들이 공개적으로 밝히지는 못하더라도 트럼프에게 투표했다"는 점이라고 레자는 말했다. "노인들은 트럼프가 교양이 없다고 경멸합니다. 하지만 트럼프의 잔인한 성격으로 이란 정권을 전복시킬 수 있다고 생각했습니다! 제 세대는 민주당에 투표를 했고요. 트럼프를 보면 아마디네자드를 떠올리게 하는 점이 몇 가지 있습니다." PAAIA에 따르면 이란계 미국인 중 18%만이 정권 전복을 목적으로 외부 군대가 개입하는 것에 찬성한다.(7) 하지만 페르시아만 레스토랑을 걸프전(1991)과 관련된 인상적인 물건들로 장식한 파라하니푸르 회장조차도 "어떤 전쟁도 민주주의를 선사하지 않는다"라며 전쟁에 반대하는 입장을 보였다.

나르게스 함지안푸르와 파리드 키아는 윌킨스 대로에서 이란 예술가들을 위한 아트 갤러리를 운영한다. 4월 어느 저녁 그곳 아트 갤러리에서는 이란에서 시위 장면을 찍은 뒤 해외로 나와 대형 사이즈로 인화한 사진들을 전시했다. 판매 수익금은 비밀리에 시위를 취재해 온 이란 사진작가들에게 전달될 예정이었다. 다양한 세대의 망명자들이 아트 갤러리에 모여 한 손에는 와인 잔을 든 채 2022년 9월에 시작된 봉기가 성공을 거두리라 확신하고 있었다.

마히 모크타리는 3년 전 미국에 도착했다. 그녀의 팔뚝에는 2011년 2월 14일 시위에 참가했다가 사망한 동생 모하마드의 초상화가 문신으로 새겨져 있었다. 활동가로 일하는 모크타리는 "소셜 네트워크 덕분에 우리의 투쟁을 더 쉽게 공유하고 전 세계에 전달할 수 있게 됐다"고 말했다. 이미 1999년과 2009년 시위에 참가한 전력이 있는 레자는 신세대는 훨씬 더 강력한 힘을 가지고 있다고 말했다. "예전에는 은밀하게 카세트테이프를 주고받았지만, 이제는 VPN을 이용해 검열을 우회하고 유튜브에 동영상을 게시한다"고 말했다.

하지만 이란 당국 역시 기술을 이용한다. 2023년 4월 초, 이란 당국은 안면인식기술을 사용해 베일을 쓰지 않은 여성들을 추적하겠다고 발표했다. 🅛🅓

글·세드릭 구베르뇌르 Cédric Gouverneur
기자

번역·이연주
번역위원

<아비뇽 페스티벌 동안 공연된 연극 <샤하다>의 한 장면>_관련기사 88면

CULTURE

문화

아비뇽 페스티벌의 장면들

세상이 꿈틀대는 소리가 들리는 곳

티아구 호드리게스 예술 감독의 지휘 아래 제77회 아비뇽 페스티벌이 개최됐다. 이번 페스티벌은 영미권 작품을 공식 초청해 눈길을 끌었으며 빈투 뎀벨레, 카롤리나 비앙키, 카라 데 카발루, 레베카 샤이옹 등이 선보인 참신한 작품과 표현 양식에 담긴 페미니즘과 탈식민주의적 분석에 주목했다.

마리나 다 실바 ▎연극평론가

미국 극단 엘리베이터 리페어 서비스는 존 콜린스의 연출로 〈볼드윈과 버클리의 캠브리지 토론회(Baldwin and Buckley At Cambridge)〉를 선보였다. 작품의 주요 등장인물은 페미니즘과 탈식민주의적 분석의 선구자인 제임스 볼드윈이다. 단순하고 고전적이면서도 파격적인 이 작품은 1965년 2월 18일 캠브리지 대학 학생회가 주최한 토론회를 재현한다. 인종, 성, 계급 차별을 비판한 작가 제임스 볼드윈, 그리고 매거진 〈내셔널리뷰(National Review)〉를 창간한 보수주의 및 반공산주의 언론인 윌리엄 버클리 주니어는 두 학생이 발의한 주제를 놓고 논쟁을 벌였다.

연단에서 마주 보며 설전을 펼치는 볼드윈과 버클리로 분한 두 배우의 인상적인 연기가 돋보이는 작품이다. "아메리칸 드림은 아메리칸 흑인의 희생으로만 가능한가?"라는 주제는 미국 사회의 치부를 단도직입적으로 드러낸다. 열띤 논쟁이 이어지고 볼드윈(대배우 그레이그 사전트 분)은 쉽게 상대를 제압한다. 특히 버클리(벤 윌리엄스 분)는 체험한 적 없는 구체적인 경험에 근거한 볼드윈의 논고를 반박할 수가 없다. "백인들이 할 일은 애초에 '깜둥이'가 필요했던 이유를 깊이 생각해보는 것이다. 나는 '깜둥이'가 아니라 한 인간이기 때문이다."

미스트랄 고등학교 체육관에서 열린 이 공연의 무대는 3면이 객석에 둘러싸여 있다. 관객과의 가까운 거리는 관객을 공연의 일부로 만든다. 마치 관객을 무대 위 토론에 참여하도록 초대하는 듯하다. 비록 현실에서는 사람들의 참여를 이끌어내지 못했지만 말이다. 이 토론의 주제는 지금도 유효하며 특히 미국과 프랑스에서 최근 벌어진 사건들로 큰 반향을 일으키고 있다. 1965년 볼드윈과 버클리가 토론한 차별과 경찰

<그레이그 사르장트 & 에이프릴 마티스>

<유프라테스>

의 폭력 진압은 그저 지나간 역사적 기록이 아니라 지금 도 뉴욕과 낭테르에서 새로운 행태로 계속 자행되고 있는 현실이다.

버클리는 '아메리칸 드림'은 모두가 이룰 수 있으며 헌법은 모두에게 동등한 권리를 부여한다는 추상적인 담론을 내세운다. 볼드윈은 흑인에 대한 착취와 일종의 흑인 종속 상태라는 부정할 수 없는 현실로 이에 반박한다. '프랑스식 보편주의' 개념에도 적용할 수 있는 논거다. 니나 시몬의 노래 'That's All I Ask'가 흘러나오는 응접실을 배경으로 한 마지막 장에서 볼드윈은 그의 친구이자 작가, 극작가 겸 시민권 운동가인 로레인 핸스베리(에이프릴 마티스 분)와 대화를 나누며 교감한다. "조급함의 무게를 견딜 수 없다." 우리는 이 조급함의 무게를 이미 체감했다.

'Off' 부문을 빛낸 〈유프라테스〉와 〈샤하다〉

비공식 작품들로 구성된 'Off' 부문에는 1,491개의 공연이 참가했다. 시내 곳곳에서 열리는 이 수많은 공연들을 찾아다니다 보면 나침반이 필요할 듯 보이지만 참신한 작품들을 발견하는 즐거움이 관객을 기다리고 있다. 〈유프라테스(Euphrate)〉는 튀르키예, 시리아, 이라크를 가로지는 유프라테스강의 이름을 딴 17세 여고생의 이야기다. 노르망디 지방 출신 어머니와 튀르키예 출신 아버지를 둔 유프라테스는 학교제도에 적응하지 못하는 반항아다. 여유롭지 못한 환경에서 자란 부모님은 유프라테스가 인정받는 직업을 선택하도록 강요한다. 스타니슬라스 로케트와 올리비에 콩스탕이 연출한 이 1인극에서 유프라테스 역을 맡은 닐 보스카는 마치 본인의 실제 삶 속 인물들을 연기하듯 무대 위에서 수시로 의상과 소품을 바꿔가며 각기 다른 목소리 톤과 몸짓으로 열연을 펼친다.

마임, 춤, 아크로바틱에 통달한 보스카는 관객의 눈과 귀를 사로잡는다. 보스카의 연기는 이제 막 유년기를 벗어나 미래를 설계할 힘이 없는 나이에 직업 선택을 강요받는 17세 소녀의 내면에 분출되는 갈등을 잘 나타냈다. 이 작품은 또한 다문화 가정 출신 청소년들이 품고 있는 자신의 근원에 대한 질문을 탐구한다. 프랑스 국적의 유프라테스는 시리아 접경 지역 마을 출신인 아버지의 과거에 대해 전혀 모른다. 아버지가 전쟁 지역인 고향 마을에 딸을 데려갈 일은 만무하다. 아버지는 유프라테스에게 튀르키예어도 가르치지 않았다.

자신의 근원을 알지 못하는 결핍감에 시달리던 유프라테스는 결국 혼자서 아버지의 고향으로 향한다. 상상으로만 그려왔던 친척들은 그녀를 따뜻하게 맞이했지만 정략결혼을 가까스로 피하는 우여곡절을 겪기도 한다. 이에 앞서 이스탄불 국립 박물관을 찾은 유프라테스는 터키 최초의 무슬림 여배우인 아피페 잘레의 초상화를 발견한다. 1902년에 태어난 잘레는 배우가 되기 위해 관습과 사회·종교적 금기를 뛰어넘어야 했다. 1923년 무스타파 케말이 공화정을 수립하기 전까지 터키는 무슬림 여성이 무대에 오르는 것을 금했다. 잘레의 용기에는 큰 대가가 따랐다. 잘레는 결국 39세의 나이로 정신병원에서 홀로 세상을 떠났다. 유프라테스는 잘레를 자유와 해방의 상징으로 여기며 자신과 동일시했다.

극작가 겸 연출가인 피다 모히셴의 글이 원작인 〈샤하다(Shahada)〉도 주목할 만한 작품이다. 모히셴은 프랑수와 세르반테스와 공동연출한 이 작품에서 자기 자신을 연기한다. 인생의 절반은 시리아에서, 나머지 절반은 프랑스에서 보낸 모히셴의 자전적 이야기가 담긴 이 작품 속에서 모히셴은 두 인물로 구현된다. 바로 쉰을 바라보는 예술가, 아버지로서의 자아를 성찰하는 현재의 모히셴과 혈기 넘치는 젊은 모히셴(시리아 출신 배우 라미 에르카브 분)이다.

현재와 과거의 모히셴은 거울을 바라보듯 서로 대화를 나눈다. 샤하다(Shahada)는 아랍어로 증언, 순교, 무슬림의 신앙 고백을 뜻한다. 청년 시절 학식 있는 독실한 무슬림이었던 모히셴은 아랍사회주의부흥당, 속칭 바트당에 가입하고 다마스에서 연극에 입문한다. 연극에 대한 열정은 그가 배운 종교 교리 해석과 충돌했다. 그가 배운 종교 교리는 서구에 대한 거부감과 '급진주의의 유혹'을 부추길 정도로 극단적이었다. 프랑스에 도착한 모

히셴은 연극과 종교의 모순적인 요구로 괴로워했다.

현재의 모히셴은 젊은 날의 자신을 불러내어 예리하고 진지하면서도 재미있는 대화 속에 과거의 무지와 강요받은 사고를 해체해 나간다. 그의 목표는 양립할 수 없는 두 세계관을 통해 사고의 여정을 이해할 기회를 주는 것이다. 모히셴 자신은 물론, 그의 딸들과 딸 세대의 청년들을 위해서다. 경험을 통해 일부 청년들이 급진적 이슬람주의에 끌리는 것을 이해하는 모히셴은 이를 계몽해야 할 책임감을 느끼며 자기 자신과 자신의 이야기를 듣는 이들을 위해 "사랑에 헌신하고 타인과의 관계 속에서 성스러움에 이르는 삶"을 향한 길을 모색한다.

모히셴의 개인적 성찰이 급진주의에 매료된 이들을 설득할 수 있을지 혹은 급진주의에 맞설 수 있는 분석 요소를 제공할 수 있을지는 확실치 않다. 하지만 독특한 이야기로 풀어낸 모히셴의 성찰은 현재에도 유효한 이야기를 조명하고 있음은 분명하다. ⒹⓅ

글·마리나 다 실바 Marina Da Silva
연극평론가

번역·김은희
번역위원

마크 오를랑, "사회의 환상을 노래하라"

질 코스타즈 ▮기자, 피에르 마크 오를랑상 위원회 회장

20세기의 프랑스 작가 피에르 마크 오를랑(1882~1970)은 북쪽 지역들, 거친 바다와 맞닿은 땅, 스코틀랜드 등에 대한 애정을 담아 피에르 뒤마르셰라는 본명 대신 마크 오를랑이라는 필명을 선택했다. 오늘날에도 그의 소설 작품 중 일부가 문고판으로 계속 출간되고 있긴 하지만, 그의 삶의 여정을 이루는 세계에 대해서나 그의 이야기들을 구성하는 커다란 주제들에 대해서는 알지 못하거나 알려고 하지 않는 경우가 대부분이다.

게다가 시간이 지날수록 이런 경향은 더욱 짙어지고 있다. 그러나 그의 작품들에는 1914년부터 1918년까지 이어진 전쟁이, 그리고 20세기 초의 몽마르트르 언덕과 방랑가나 군인이나 뱃사람들의 낭만, 하위 계층을 벗어나지 못하고 매춘에 매달려야만 하는 여성들, 해적에 관한 신화, 대도시와 항구도시들이 지닌 매력 등이 담겨있다. 동류 작가들을 비롯해 많은 이들로부터 독특하면서도 없어서는 안 될, '복고적' 혹은 '역행적'인 창작자로 오랜 세월 인정받아온 마크 오를랑의 세계는 바로 이런 요소들로 이뤄져 있다.

모험, 굶주림, 만화 그리고 소설

특히 오늘날 그의 작품이 각광받는 데는 그가 제2차 세계대전 이전까지 수십 년에 걸쳐 존재해왔으며 당대 작가들 다수가 흔히 사용해온 클리셰들과 거리를 됐다는 점도 한몫을 한다. 보헤미안 시대의 몽마르트르는 정말 그토록 매혹적인 장소였을까? 마크 오를랑은 그렇게 여기지 않았다. 그는 그곳을 불행의 땅으로 봤다. 이국적 모험은 다시 얻을 수 없는 뜨거운 열정을 안겨주는가?

스코틀랜드식 베레모를 쓰고 어깨에 앵무새를 앉힌 마크 오를랑은 이 질문에도 고개를 젓는다. 그는 역동적인 모험에는 불운과 환멸만이 가득할 뿐, 그보다는 '부동적인 모험', 즉 상상을 통한 모험이 더 낫다고 여겼다. 그렇다면 불법을 저지르면서까지 법과 도덕에 맞서는 반사회자들은 과연 화가나 작가들이 그들에게 선사하는 시(詩)에 걸맞은 인물들일까? 그는 다시 한번 선을 긋는다. 이 사회의 지하운동가들은 착취당하는 자와 착취하는 자에 지나지 않으며, 그들이 허름한 술집, 낡은 공동주택이나 모텔에서 삶을 영위하고 있는 것도 그 때문이라는 것이다.

사실 마크 오를랑의 출신은 프롤레타리아 계층에 속한다고 보기 어렵다. 그의 아버지는 보병 장교였다. 하지만 아버지가 젊은 나이에 세상을 떠난 탓에 어린 마크 오를랑은 후견인에게 맡겨졌다. 장학사였던 후견인은 프랑스 북부의 솜 지역에 살고 있었던 그를 오를레앙시에 위치한 한 고등학교로 보냈다. 그리고 1899년, 마크 오를랑은 자신을 죄고 있는 밧줄을 끊고 줄곧 열망해왔던 바로 그 모험의 길을 걷기 시작했다.

파리로 향한 그는 그곳에서 극심한 굶주림을 마주해야 했다. 그는 1947년 출간한 『블라맹크』를 통해 그 시절에 대해 "운동화 한 켤레와 저가의 옷가지 몇 개가 든 천가방 하나를 손에 든 것이 전부였다"라고 회고하기도 했다. 이후 갖가지 일용직을 전전하던 중 거리에서 그림을 그려 팔려는 계획을 세웠다. 그는 런던, 브뤼헤, 나폴리, 튀니지 등 갈 수 있는 곳이라면 어디든 갔다. 이후 군 복무를 마친 뒤부터는 다시 파리로 돌아와 만화를 그리기 시작했다.

1908년부터 알고 지내기 시작한 유명 만화가 귀스보파는 그의 만화를 보고 작화보다 스토리가 좋으니 글

을 써보는 것이 좋겠다고 권했다. 마크 오를랑은 이후로도 평생 동안 조금씩 그림을 그리긴 했으나 바로 이때부터 본격적으로 글을 쓰기 시작했다. 처음에는 짧은 단편소설을, 후에는 해학소설을 주로 썼고 1912년에는 『불쾌한 귀환의 집』을 발표하며 작가로서 성공을 거두기 시작했다. 실제로 이 작품은 훗날 보리스 비앙에게 큰 영향을 주기도 했다. 마크 오를랑의 문체는 괴상하면서도 익살스러우며 엉뚱했다. 그런데 그가 약간의 부와 유명세를 막 얻기 시작할

무렵 전쟁이 터졌다. 그는 다시 전장에 보내졌고, 그곳에서 서민들 간의 유대감과 민중적 영감을 얻을 수 있었다.

전쟁을 증언한 작가

1914년 8월, 보병대에 배치된 마크 오를랑은 2년간 전쟁에 참여했다. 부상으로 인해 치료를 받고, 휴전협정이 체결되자 제대했다. 마크 오를랑 역시 전쟁을 증언한 작가들 중 한 명이다. 모리스 주느부아, 롤

랑 도르줄레스, 앙리 바르뷔스와 동떨어진 인물이 아니라는 것이다. 그가 1917년 발표한 『죽은 물고기들』에서는 로렌에서 출발해 아르투아, 베르됭을 거쳐 솜에 이르기까지 소모적이고 불합리하며 괴롭고 무기력한 행군을 이어가는 한 부대의 이야기가 건조하면서도 온화한 문체로 그려진다. 그는 이 책을 "전선에서 목숨을 잃은 제269연대의 동료들"에게 바친다고 적기도 했다.(1)

전쟁이 끝난 뒤, 마크 오를랑은 넘치는 재능을 본격적으로 드러내기 시작했다. 해학적 요소들을 폭발시키는 한편, 전쟁의 시대를 돌아보고 다양한 아이디어를 이론화했다(『완벽한 모험가를 위한 안내서』(1920). 또한 산문시들을 창작하고, 자신이 머물고 싶었던 도시들을 묘사했으며(『브레스트』,1926), 친애하는 화가들에 대해 경의를 표하는 등(수필집 『맞춤 가면I, II』,1937, 1965) 긴 세월에 걸쳐 문학적 영감을 아낌없이 펼쳤다. 그의 소설은 이중적이다. 눈앞에서 변모해가는 사회의 어두운 면면을 파고들기도 하고(『안개 낀 부두』,1927), 거친 바다에서 싸움을 이어가는 모험가들의 옛 세계를 다시 빚어내기도 한다(『자비의 닻』,1941).

한편 특파원으로서 베니토 무솔리니를 비롯해 전 세계 인물들을 인터뷰했던 마크 오를랑은, 어느 날 활동을 멈추고 파리에서 조금 떨어진 생 시르 쉬르 모랭(오늘날의 센에 마른)에 정착했다. 그의 말을 빌

리자면 "피흘림의 광기"에 사로잡힌 이 세상 속에서 방황하며 그곳에서 직접 겪거나 느꼈던 불행을 더 이상 보지 않기라도 하는 듯한 결정이었다. 그가 말년을 보낸 덕분에 많은 파리의 명사들이 이 먼 시골을 찾곤 했는데, 그중 한 명이었던 레몽 크노는 이후 출간된『마크 오를랑 전집』의 서문에서 마크 오를랑을 제라르 드 네르발과 연관지으며 "불량소년들과 불안한 인물들이 사라진 그의 세계는 페트로니우스의 해방노예와 천민들의 세계와 나란히 위치할 것"이라고 말하기도 했다.(2)

차가운 불빛, 따뜻한 눈빛

실상 마크 오를랑은 1945년부터 파리를 등지고 스스로를 점차 고립시켰다. 1950년에는 아카데미 공쿠르의 위원으로 선정되면서 파리로 돌아와 어쩔 수 없이 여러 모임에 참석하곤 했으나 결국은 다시 틀어박히고 말았다. 마치 굶주림과 폭력에 대한 공포에 여전히 사로잡혀 있는 듯한, 그리고 그로 인해 모든 관계들이 종국에는 단절되고 말 것이라고 여기는 듯한 모습이었다. 개인의 삶에서 큰 트라우마를 남기는 사건들이 있었다는 사실을 숨겼던 걸까? 아마 그랬을 것이다. 마크 오를랑에 대한 전기 작품을 쓴 장 클로드 라미(『마크 오를랑, 불변의 모험가』, 2002)나 베르나르 바리토(『마크 오를랑의 삶과 시대』, 1992)의 글에서도 이런 느낌을 받을 수 있다.

게다가 마크 오를랑 스스로도『아코디언을 위한 노래』에서 "나이를 먹을수록, 그다지 고무적이지 못한 지난날의 경험이 낳은 결과가 나에게만 국한되도록 애를 쓰게 된다"라고 털어놓았다. 그러나 가명으로 외설적인 소설을 썼던 것을 제외한다면 과거 경찰과 휘말린 일 자체도 딱히 없었다. 물론 이 외설 소설 문제 때문에 그가 레지옹 도뇌르 훈장을 받지 못할 위기에 처했던 것도 사실이다. 다행히 1966년 앙드레 말로 당시 문화부 장관의 주도로 그에게도 수훈의 영광이 돌아갈 수 있었다.

마크 오를랑은 자신의 단편 소설집에『차가운 불빛 아래』라는 제목을 붙인 바 있다. 또한 특정 장소들에 관한 글들을 묶어『어두운 등불』이라는 제목으로 출간했

다. 자신이 쓴 시들을 '기록'이라고 부르기도 했다. 추억담을 쓰지 않으려고 하는 한편, 직접 작사한 노랫말들을 모아『노래에 담은 기억들』로 출간해 몇 가지 내면적인 풍경을 통해 삶이 간결하게 응축될 수 있도록 했다. 그러나 그의 말처럼 그 불빛은 그토록 차가운가? 차가움 역시 하나의 기교일 뿐, 그 안에는 여전히 인간적인 감정들이 담겨 있다. 고통 가운데 단결하는 병사들을, 아직도 꿈을 믿는 아이들을, 내일을 알 수 없는 가난한 이들을 비추고 있는 것이다.

많은 부분 그의 모습을 담고 있는 이 가엾은 인간상들은 부르주아들에게 내놓을 그림을 그리고 책을 쓰려고 애를 쓴다. 얼어붙을 듯한 차가움이 있다면 그것은 '사회적 기이성'이라는 표현의 아래에 깔린 감각에서 나오는 것이리라. 마크 오를랑이 직접 만들어 여러 차례 사용한 이 '사회적 기이성'이란 말은 새로운 위협요소들을 만난 새 세계, 그리고 중력파나 눈 먼 전쟁이나 분노의 이념들이 미지의 비극을 알리는 새 시대가 부딪히게 되는 기술적·사회적 혼란을 통찰력 있게 담아냈다.

그런 의미에서 마크 오를랑은 산업적 격변을 좌시하지 않은 작가로, 특히 그의 시 작품들에서 이런 특징을 더욱 잘 찾아볼 수 있다. 이는 줄스 파스킨, 모리스 블라맹크, 파블로 피카소와는 달리 동류 화가들과는 동떨어진 채 활동을 이어갔던 페르낭 레제의 모습과도 닮아있다. 실제로 마크 오를랑은 페르낭 레제가 세트 디자인을 맡았던 마르셀 레르비에가 감독의 영화 〈비인간〉의 시나리오 작업에 참여하기도 했다.

키 작은 보병의 시선

사실 마크 오를랑의 명성이 지금까지 이어지는 데는 영화의 역할도 적지 않다. 하지만 그만큼 오해도 존재한다. 마크 오를랑의 소설『안개 낀 부두』는 몽마르트르 언덕에서 근근이 살아가다가 동부 전선의 한 부대에 소속돼 죽음을 맞게 되는 반사회적 인물의 삶을 그리고 있다. 하지만 이 소설에 바탕을 둔 마르셀 카르네 감독, 자크 프레베 각본의 영화 〈안개 낀 부두〉(장 가뱅, 미셸 모

<석양>, 1922 - 조지 그로즈

르강, 미셸 시몽 등 출연)는 르 아브르에서 바다를 건너 프랑스를 떠나려 하는 한 탈영병의 이야기를 담고 있다.

소설의 '사회적 기이성'이 영화의 '시적 리얼리즘'으로 바뀌면서 작품이 그리는 대상은 전혀 다른 것이 됐다. 영화에서는 보다 뜨겁게 불타는 열정이 살아있는 반면, 소설에서는 막연하고 혼란하며 옥죄는 듯한 감정이 더 크게 느껴진다. 또한 쥘리앙 뒤비비에가 영화화한 〈최후의 망루〉에서 나타나는 모험의 낭만도 마크 오를랑이 쓴 원작에서는 전혀 찾아볼 수 없다.

한편 마크 오를랑의 작품 세계는 그가 작사한 샹송을 통해서도 엿볼 수 있다. 또한 그의 작품을 통해 느껴지는 낯선 떨림을 더욱 오랫동안 간직할 수 있게 해주는 것도 바로 이런 샹송을 통해서다. 실제로 제르멘 몽테로, 카트린 소바주, 쥘리에트 그레코 등 1950~60년대의 유명 가수들과 리노 레오나르디나 레오 페레와 같은 위대한 음악가들은 마크 오를랑의 샹송을 차용해 리얼리즘 장르를 한층 더 발전시켰으며, 여러 젊은 가수들도 이 노래들을 계속 리메이크했다. 특히 '마르가렛의 노래', '북쪽 다리', '런던의 여자'와 같은 곡들은 듣는 그 순간 듣는 이의 마음을 사로잡는다.

그가 쓴 곡은 대부분 여성의 목소리를 담고 있으며, 환상이 깨져버린 군인들의 세계지만 동시에 불행한 이들을 위한 그 어떤 피난처보다도 더욱 따뜻한 안식처로 추앙받는 세계를 그리고 있다. 그들의 후회는 춤이나 노래가 되고, 내면의 은밀한 생각은 노랫말 속에 감춰져 때로는 은어나 고어와 같은 말들로 표현되기도 한다. "내게 남겨진 것은 없어 / 너무 많이 마신다면 / 나의 마지막 기회는 / 물에 구멍을 내는 것이 되리라." 그의 노래 속에서 모든 부끄러움은 의지와 상관없이 표출되는 감정의 동요에 압도되고 만다.

마크 오를랑은 자신의 샹송집 『아코디언을 위한 노래』에 대해 이렇게 말하기도 했다. "이 곡들은 사라진 기록이나 잊힌 작품들에서 기인한 막연한 우울감으로부터 벗어나기 위해 쓴 것들이다. 이는 나의 개인적인 경험이 낳은 결과이며, 여기에는 두 발로 걸었던 주둔지와 행군로에서 배운 지혜가 담겨 있다." '두 발로 걸었던', 마크 오를랑의 작품들은 곧 키 작은 보병의 시선으로 바라본 비극과 고통의 세계인 것이다.

레몽 크노가 적었듯 "문학적 풍조를 무시"하고 "상상의 삶이 주는 힘과 회고가 주는 미덕"에 대해 강한 애정을 지니고 있는 사람이라면 앞으로도 누구든 피에르 마크 오를랑을, 그리고 그가 그려낸 해적과 밤의 신사를, 고독한 이들의 머리 위로 내리는 빗방울을 반기게 될 것이 분명하다. **ID**

글·질 코스타즈 Gilles Costaz
기자, 피에르 마크 오를랑상 위원회 회장

번역·김보희
번역위원

(1) 『Les Poissons morts 죽은 물고기들』, David B., Linéart, Paris, 2018.
(2) Raymond Queneau, 'Préface à Pierre Mac Orlan 피에르 마크 오를랑에 바치는 서문', 『Œuvres complètes 마크 오를랑 전집』, ed. Gilbert Sigaux, Edito Service/ Le Cercle du Bibliophile, Geneva, 1969. 이 전집은 총 25권으로 구성돼 있으며 마크 오를랑의 저서 대부분은 갈리마르 출판사의 폴리오 총서에 포함돼 있다.

계급 투쟁과 페미니즘 투쟁

엘렌 이본 메노 ▮정치사회학자

르 네상스 시대 피렌체의 기혼남들은 가문 내 기념일, 회계장부 등등을 기록한 '가문 수첩'을 가지고 있었다. 매일 기록하는 이 문서는 가문의 명예를 보장하는 것으로, 남성들 사이에서만 계승되는 것이었다. 행동방식과 사회문제 역사학자인 크리스티안 클라피슈-쥐베르는 피렌체 귀족의 가문 수첩과 볼로냐 석공의 가문 수첩 사례 연구를 상세히 기술했다. 그리고 이 작업을 통해 때로는 '기억의 전달자, 추억의 지배자'였던 여성의 목소리들을 찾아낸다.(1) 남성 후계자가 없는 경우, 글을 아는 소수의 여성이 가

업과 가문 수첩을 물려받았다. 그러나 회계 문제가 점점 복잡해지면서 여성은 아예 배제됐다.

크리스틴 드 피잔은 그 시대 돋보이는, 예외적인 경우다. 1364년 베네치아에서 태어나 프랑스 궁정에서 자란 그녀는 꽤 높은 수준의 교육을 받았다. 피잔의 사례는 철학자 노베르 캉파냐의 저서에도 언급됐으며, 캉파냐의 견해에 영향을 미쳤다.(2) 여러 편의 시(특히 발라드풍의 시들이 유명했다)와 정치철학서를 남긴 피잔은 여성의 능력을 인정해 줄 것과, 여성에게도 남성과 동등한 기

회를 줄 것을 요구했다. 어린 나이에 남편과 사별한 그녀는 의뢰를 받아 글을 쓰는 일로 생계를 유지했다. 자신의 운문 및 산문 개론 등을 통해 가톨릭 신앙을 내세우고 정치를 교육하며, 남성들을 향해 '사회적 신분에 상응하는 미덕'을 강조했다.

수지 로이트만은 성차별과 계급 차별, 이중의 극단적 차별 속 여성 투쟁사 50년을 돌아보는 책을 기획 및 집필했다.(3) 그녀는 여성해방운동이 여성 인권을 위한 국가단체를 설립하고, '노란 조끼' 여성부대를 조직하기까지의 역사 속 여성 운동가들의 원고를 수집했다. 1970년부터 기업과 행정구역 내 수많은 위원회가 설립됐다. 1975년 가전용품 전시회에서는 과격파 여성 운동가들이

"물리넥스(프랑스 주방용품, 가전용품 브랜드-역주)는 여성을 해방할 수 없다"라고 외쳤다. 이 사건 이후, 노동조합들과 정당들 그리고 운동단체는 페미니즘에 대한 입장을 재정립했다.

1988년 간호사들의 투쟁에 주목한 다니엘 케고르아는, 이 투쟁을 분석함으로써 계급, 성별, 인종이라는 삼중의 차별이 뒤얽혀 남성 중심의 지배구조를 공고히 하는 현실을 지적했다. 한편,

로이트만은 오늘날의 여성운동을 가리켜 "이제는 핵심 사안이 아닌 계급 갈등에 비조직적인 투쟁들을 얹고 있다"라며 개탄했다.

사회학자 오딜 메르클링은 여성 노동조건의 지속적인 악화가 개혁을 막고 있다고 분석했다.(4) 고용의 과도한 세분화, 고용불안, 사회보장제도의 약화, 저임금 등이 여기에 속한다. 다양한 산업 분야에서의 투쟁 현장을 조사하고, 고용단절 상황에서 어떻게 추가 수입을 만들 것인지 고찰한 메르클링은 사회생활과 직업의 권리를 세워야 한다고 제안한다. 보편적 사회보장 즉 실업보험은 제5의 분야가 될 것이다. 법에서 보장하는 기본소득은 일과 삶의 방식, 그리고 거주지를 자유롭게 선택할 수 있게끔 해줄 것이다. ⓛⓓ

글·엘렌 이본 메노 Hélène **Yvonne Meynaud**
정치사회학자

번역·송아리
번역위원

(1) Christiane Klapisch-Zuber, 『Florence à l'écritoire. Écriture et mémoire dans l'Italie de la Renaissance 피렌체의 필기도구. 르네상스 이탈리아에서의 글씨와 회고록』, Éditions de l'EHESS, Paris, 2023년.
(2) Nobert Campagna, 『Christine de Pizan. Une conseillère des Princes 크리스틴 드 피잔. 왕자들의 컨설턴트』, Michalon, Paris, 2023년.
(3) Suzy Rojtman(기획), 『Féministes ! Luttes de femmes, lutte de classes 페미니스트! 여성 투쟁, 계급 투쟁』, Syllepse, Paris, 2022년.
(4) Odile Merckling, 『Femmes, chômage et autonomie. Des droits sociaux pour abolir la précarité et le patriarcat 여성, 실업과 자립. 고용 불안정과 가부장제 폐지를 위한 사회권』, Syllepse, Paris, 2023년.

르몽드 디플로마티크 구독 안내

정가 1만 5,000원	1년 10% 할인	2년 15% 할인	3년 20% 할인
종이	18만원 16만 2,000원	36만원 30만 6,000원	54만원 43만 2,000원
	1년 13만원	2년 25만원	3년 34만원
온라인		1개월 2만원, 1주일 1만 5,000원	
		* 온라인 구독 시 구독기간 중에 창간호부터 모든 기사를 읽고 다운로드 받을 수 있습니다 * 1주일 및 1개월 온라인 구독은 결제 후 환불이 불가합니다(기간 변경 및 연장은 가능)	
CMS		매월 1만 4,000원 * CMS는 신규 구독이 불가합니다.	

계간지 구독 안내

	낱권	1년	2년
마니에르 드 부아르	1만 8,000원	7만원 2,000원 ⇨ 6만 5,000원 계좌 : 신한은행 100-034-216204	14만원 4,000원 ⇨ 12만 2,400원

계좌 입금 시 계좌 입금 내역 사진과 함께 〈르몽드 코리아〉 본사에 문의를 남겨주시거나, 전화/메일을 통해 구독 신청을 해주셔야 구독 신청이 완료됩니다.

	낱권	1년	2년
크리티크 M	1만 6,500원	6만원 6,000원 ⇨ 5만 9,400원 계좌 : 신한은행 140-011-792362	13만원 2,000원 ⇨ 10만 5,600원

계좌 입금 시 계좌 입금 내역 사진과 함께 〈르몽드 코리아〉 본사에 문의를 남겨주시거나, 전화/메일을 통해 구독 신청을 해주셔야 구독 신청이 완료됩니다.

9월의 〈르몽드 디플로마티크〉 추천도서

『종의 기원담』
김보영 지음 | 아작

인기작 『종의 기원』이 새로운 이야기를 덧붙여 재출간됐다. '인간을 모르는 로봇들의 세상'이라는 기발한 세계관이, 언젠가 펼쳐질 현실처럼 자연스러운 몰입을 자아낸다. 최초로 선보이는 「있을 법하지 않을 이야기」 챕터는 23년 만에 이 흥미로운 이야기의 결말을 보여준다.

『원시별』
손석춘 지음 | 철수와영희

한국전쟁이라는 비극의 날들을 살아낸 청년들의 삶과 희망을 그린 소설이다. 연희동 궁동산 일대에서 벌어진 '연희고지 전투'는 당시 서울 탈환의 최전선이었다. 급박하게 전개되는 서사는 인간의 의지로는 바꿀 수 없을 듯한 역사의 파도를 그려낸다.

『우린 춤추면서 싸우지』
한채윤 지음 | 은행나무

"진심을 다한 사랑 이야기이자 뜨거운 연대의 기록." 성소수자 인권활동가 한채윤이 첫 에세이집을 출간했다. 퀴어문화축제 24년의 산증인이자 여러 소수자 인권단체를 설립한 그는, 차별과 혐오에 상처받더라도 광장으로 나와 춤을 출 것이며 그것이 가장 강력한 저항이라고 말한다.

『평등에 숨겨진 이야기』
황규성 지음 | 내일을여는책

불평등을 체감하며 살아가는 대한민국 청소년들에게 평등의 개념, 불평등의 원인과 폐해, 불평등을 정당화하는 주장들, 현실을 바꿀 해법 등을 들려준다. 중학생 독자들의 논평이 곳곳에 스며들어, 10대의 눈높이에 맞는 읽을거리를 선사한다.

『돌봄과 작업2』
김유담 외 10인 지음 | 돌고래

2022년 출간 이후 꾸준히 사랑받는 『돌봄과 작업』의 두 번째 이야기다. 작가, PD, 교사, 간호사 등 다양한 분야의 저자들은 여성이 일과 돌봄을 양립시키는 방법, 고충, 보람 그리고 일과 돌봄이 서로 침범하고 상호작용하는 측면을 정교하게 기록했다.

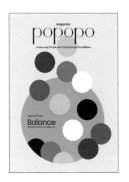

〈포포포 매거진〉 no.8호
포포포 매거진 편집부 엮음

이번 호 주제는 '삶과 일 사이에서 균형찾기'다. 오늘날 부모들은 무한한 책임과 유한한 시간 사이에서 기우뚱거리며 아이의 스케줄에 맞춰 이미 쪼개진 시간을 다시 쪼개 써야 한다. 나에게 맞는 삶의 방향과 속도를 찾으려면 어떻게 해야 할까?

『우리에게는 랭보가 필요하다』
이브 본푸아 지음 | 위효정 옮김 | 문학동네

프랑스의 현대 시인 이브 본푸아가 50여 년간 랭보의 시를 읽으며 그 급진성과 보편성을 밝혀냈다. 저자는 랭보의 전기와 시에 대한 해설을 오가며, "이 책은 랭보에 대한 나의 애정을 담은 일기"라고 고백했다. 위효정 랭보 연구자가 번역의 완성도를 높였다.

『식물적 낙관』
김금희 지음 | 문학동네

2020년 여름부터 2022년 겨울까지 〈한겨레 ESC〉에 '식물 하는 마음'이라는 제목으로 연재된 에세이들과 자신의 내면을 응시한 미발표 원고들을 담은 책이다. 작가는 식물의 생명력과 특질을 관찰하며, 그들의 느긋한 낙관의 자세를 수용한다.

『첫 문장은 마지막 문장이다』
김응교 지음 | 마음산책

세상에는 다양한 첫 문장이 있다. 다짜고짜 말을 거는가 하면("거기 누구냐?"―『햄릿』), 시작부터 결정적 사건이 나오기도 한다("그날 한 명이 다치고 여섯 명이 죽었다."―『아몬드』). 저자가 소개하는 37편의 첫 문장들은, 자신만의 '첫 문장'을 찾는 데 도움을 줄 것이다.

『미야자와 겐지의 문장들』
미야자와 겐지 지음 |
정수윤 옮김 | 마음산책

세상과 인간에 대한 애정으로 빛났던 저자의 동화, 시, 편지, 농민예술론에서 엄선한 문장들이 담겨있다. 농민들과 동고동락하기 위해 농업에 뛰어든 그는, 어려운 상황 속에서도 글쓰기를 포기하지 않았다. 그런 작가의 삶과 예술적 성취를 보여준다.

"개를 구한다고 세상이 바뀌지는 않는다.
하지만,
그 개의 세상만큼은 온전하게 바꿔줄 수 있다.
더불어,
나의 세상 또한 바뀌고 있다."

– 황동열, 동물권운동가

"변화의 속도가 노력과 기대에 미치지 못해 아쉽더라도,
꾸준히 관심을 가지고 지켜보며
목소리를 내주시길 바란다.
그러면,
'그날'은 반드시 올 것이다."

– 한정애, 국회의원

관련기사 102면

Droits de l'animal

동물권

내가 구조한, 내 삶을 구조한 개들

황동열 ▌동물권운동가, 사단법인 팅커벨프로젝트 대표

"어머니, 집에 가서 편히 쉬시고 내일 뵈어요."
2012년 2월의 추운 어느 날이었다. 여느 때처럼 나는 병원 엘리베이터 앞에서 어머니와 인사를 했다. 폐암 말기로 건대병원에 입원하신 아버지를, 나와 어머니가 교대로 간병 중이었다. 당시 우리 가족은 아버지의 죽음 앞에 서 있었다.

"그래, 동열아. 아버지 잘 보살펴드려라. 내일 아침에 보자."

그러나, 다음 날 아침 나는 어머니를 볼 수 없었다. 그것은, 내가 어머니와 나눈 마지막 인사였던 것이다.

어머니와 헤어지고 약 3시간 후, 휴대폰이 울렸다. "형, 큰일 났어. 집에 불이 났대!" 동생의 다급한 목소리에 내 심장은 쾅, 내려앉았다. '지금 집에는 어머니가 계신데!' 뛰는 심장을 부여잡고 달려간 나는, 까맣게 그을린 집 앞에서 하얀 천을 두른 들것을 싣고 나오는 소방대원들과 마주쳤다. 나는 그 자리에 털썩 주저앉아 울고 말았다. 들것에 실린 사람은 어머니였다. 나와 간병 교대를 한 후 집으로 가셨던 어머니가 화재로 영영 돌아가시고만 것이다. 낡은 주택의 전기배선에 문제가 생겨, 누전과 합선으로 화재가 일어났던 것이다.

나는 황망한 마음을 부여잡은 채 경찰서의 조사를 받고 돌아왔다. 당장 어머니의 장례식을 해야 하는데, 병원에는 폐암 말기의 아버지가 있었고 돌아갈 집은 불에 타버려 갈 곳이 없었다. 나는 어머니의 장례식 후, 우선 집 부근 고시원에 방을 얻었다. 그리고 이웃들에게 끼칠 폐를 최소화하기 위해, 화재로 전소된 집의 복구 공사를 서둘렀다.

한 달 후, 아버지가 돌아가셨다. 나는 한 달 만에 부모님을 모두 잃은 것이다. 공사가 끝나, 집은 이전의 형태를 되찾았다. 하지만, 나는 이전으로 돌아갈 수 없었다. 안방 문을 열면 부모님이 나오실 것만 같았다. 하지만, 그곳에 부모님은 없었다. 세상에 태어나 가장 큰 슬픔을 겪게 된 나는, 매일 괴로워하며 밤마다 폭음을 했다. 그때까지 나는 스스로를 잘 다스렸다고 생각했지만, 사실은 그 엄청난 슬픔을 견디기가 너무나 힘들었던 것이다. 그렇게 한 달 넘게 폭음을 하며 지내던 어느 날 아침, 문득 너무나 망가진 내 모습이 보였다.

'그래, 돌아가신 부모님도 내가 이렇게 망가지는 것을 원치 않으실 거야.'

그런 생각이 들면서 다시 몸과 마음을 추스르기 시작했다. 그리고 마음의 평안을 얻기 위해 2박 3일 제주도 여행을 했다. 평소에 꼭 하고 싶었던 한라산 백록담 등정을 한 후, 해안 올레길을 하염없이 걸었다. 너무나 큰 슬픔 속에서도, 제주도의 올레길은 너무도 아름다웠다.

개를 산다는 것, 개와 함께 산다는 것

그렇게 마음을 추스르고 집에 돌아온 나는, 밤마다 몰려오는 큰 슬픔을 이겨내기 위해 한 가지 아이디어를 냈다. 집에서 꽤 떨어진 대형마트에 매일 걸어서 다녀오면서, 한 가지씩 사오기로 한 것이다. 어느 날은 간장 한 병, 다음 날은 세제 한 통. 또 어느 날은 참기름 한 병, 그 다음 날은 소금 한 봉지. 이렇게 며칠을 보내던 어느 날, 마트 한쪽에 새로 생긴 펫숍이 눈에 들어왔다. 그 안에는 태어난 지 두 달쯤 돼 보이는 작고 예쁜 강아지들이 여럿 있었다.

그 모습에, 어린 시절부터 강아지를 좋아했던 나는

지난 6월 서서울 호수공원에서 반려견 천둥이, 하니, 알콩이, 하몽이(왼쪽부터 순서대로)와 함께한 필자의 모습.(사진 제공-황동열)

가슴이 뛰기 시작했다. '그래, 강아지를 한 번 길러보면 어떨까? 이 예쁜 강아지가 내 마음을 위로해주지 않을까?' 그런 마음으로 펫숍을 살펴보던 중 하얀 말티즈 한 마리가 눈에 띄었고, 사고 싶은 생각이 들었다. 그런데 매장의 카운터로 가서 계산하려던 순간, 문득 이런 생각이 들었다. '이 강아지를 데리고 가면 10년 이상 돌봐줘야 할 텐데, 내가 그때까지 잘할 수 있을까. 중간에 싫증이 나거나 귀찮아지지 않을까?'

결국 나는 꺼낸 카드를 다시 넣었다. '그래. 강아지를 사는 것은 꼭 오늘이 아니더라도 내일도 할 수 있는 일이다. 그러니 딱 하루만 더 생각해보자.' 나는 집으로 가면서 내내 강아지 생각에 가슴이 뛰었다. 어린 시절 함께 살았던 바둑이 이후 처음으로 강아지를 기르려고 하는 것이다. 집에 도착한 직후 컴퓨터를 켜고 '강아지 분양'이라고 검색하니, 관련 정보가 쏟아졌다. 참 귀여운 강아지들이 많았다. 그러던 중 '유기견 입양'이라는 단어가 눈에 띄었다. '유기견, 이게 뭐지?' 연관 검색어를 클릭하니, 최상단에 '유기견 입양캠페인'이라는 포스팅이 있었다. 들어가서 보니, 사진 속 팻말에 이런 말이 있었다.

"오늘 입양되지 않으면 안락사됩니다."

팻말을 든 사람 밑에 개들이 보였다. 크고 작은 개들이 펜스 안에 가득했다. 나이 들어 보이는 개들도 있고, 어려 보이는 개들도 있었다. 그날 나는, 유기견들이 입양되지 않으면 안락사된다는 것을 처음 알게 됐다. 그리고 유기견 입양 쪽으로 마음이 기울었다. '그래, 기왕이면 유기견을 입양해서 한 생명을 구해야겠다!' 그리고 입양캠페인을 주관하는 단체의 인터넷 카페에 들어갔다. '입양을 기다리는 아이들'이라는 메뉴를 클릭하니, 수십

필자의 첫 입양견인 흰순이(왼쪽)와 흰돌이(오른쪽). 필자는 "흰순이가 장애견임을 알고서도 흰돌이와 함께 입양한 것은 내 인생 최고의 선택이었다"라고 말했다.(사진 제공-황동열)

마리의 작은 강아지들이 나왔다.

그중 흰 강아지 두 마리가 눈에 들어왔다. 둘 다 진 돗개 혼혈견이었다. 어린 시절부터 진돗개를 특히 좋아했던 나는 시선을 뗄 수 없었다. 결국 입양 공고 사진 밑에 "제가 이 개들을 입양하고 싶습니다"라고 글을 남겼다. 잠시 후 답글이 달렸다. "왼쪽 개는 한쪽 다리를 못 쓰는 장애견인데 괜찮겠어요?" 사진을 자세히 보니, 왼쪽 개의 왼쪽 앞다리가 짧고 굽은 상태였다. 안쓰러운 마음이 든 나는, 일말의 망설임도 없이 답글을 남겼다. "네. 괜찮습니다. 제가 잘 돌볼게요."

나는 절차에 따라 입양신청서를 작성했다. 그리고 그 다음 주 토요일에 이태원에 있는 입양센터에 가서 직접 두 마리 개를 데리고 왔다. 장애견은 생후 5개월, 옆에 있는 개는 4개월 정도 됐다고 했다. 함께 있는 모습이 형제자매 같았지만, 같은 어미에게 태어난 아이들은 아니었다. 나는 그들에게 흰순이, 흰돌이라는 이름을 지어주었다. 흰순이와 흰돌이를 안고 집에 오는 내내, 흰순이는 침을 심하게 흘렸다. 멀미였다. 아마 낯선 사람의 품에 안겨서 가는 상황에 긴장이 됐을 것이다. 그렇게 30분 넘게 택시를 타고 온 흰순이와 흰돌이는, 집의 거실에

발을 딛자 깡충깡충 뛰며 무척 좋아했다.

'그래, 이 녀석들아. 이제 여기가 너희 집이야!'

흰순이, 흰돌이와 함께 하는 시간은 무척 좋았다. 무엇보다 좋은 것은 외로움이 사라졌다는 것이다. 이 작은 강아지들이 내게 큰 위로가 돼준 것이다. 흰순이와 흰돌이가 집에 온 지 일주일이 지났다. 모처럼 친구들과 만나 새벽 2시까지 술을 마신 나는 골목길을 터벅터벅 걸어 집으로 향했다. 대문에 다다르니, 문 앞에서 양손을 나란히 모으고 뒷발로 서서 꼬리를 흔들며 나를 반기는 두 생명이 있었다. 흰순이와 흰돌이였다.

'아… 너희들이 있었구나! 내 가족, 내 새끼들이구나.'

그 늦은 시간에도 잠을 자지 않고 나를 반기는 흰순이와 흰돌이. 그 둘을 보니 형언할 수 없는 행복감이 몰려왔다. 나는 두 녀석들을 품에 안고 계단 옆 베란다에 앉아서 한참을 쓰다듬어줬다.

개를 구한다고 세상이 바뀌진 않지만

그날 이후, 나는 흰순이와 흰돌이를 입양해서 키우

는 이야기를 사진과 함께 포털사이트 다음의 반려동물 방에 올리기 시작했다. 반려동물방에는 말티즈, 시츄, 포메라니안, 푸들, 치와와 등 소형견을 키우는 사람들이 많았다. 그러나 나처럼 진돗개 혼혈견, 중대형견을 키우는 사람은 매우 드물었다. 그리고 흰순이와 흰돌이는 펫숍에서 사지 않고 입양한 아이들이었기에, 특히 많은 관심을 받았다. 마치 육아일기를 쓰듯, 매일 흰순이와 흰돌이의 일상을 사진과 동영상을 곁들여 쓰기 시작했다. 무럭무럭 자라나는 흰순이와 흰돌이를 보며 많은 사람들이 좋아했다. 언제부터인지, "흰순이와 흰돌이의 팬"이라는 사람들이 늘기 시작했다.

흰순이와 흰돌이는 11년이 훌쩍 지난 지금도 내 곁에 있다. 처음 만났을 때는 생후 5개월이었던 흰순이가 좀 더 컸는데, 언제부터인가 흰돌이가 더 커졌다. 두 아이들과 매일 함께 놀고, 산책도 하면서 나는 몸도 마음도 건강해졌다. 11년 동안 식구가 늘었다. 나는 개들에게 마음껏 뛰어놀 넓은 마당을 주고 싶어서 서울 자양동에서 경기도 양주로 이사했다. 개들이 짖어도 뭐라고 하는 사람이 없는 곳이다. 늘어난 개 식구들 중 동작대교 밑에서 3년간 떠돌다가 구조된 검둥개 럭키는 내 책의 주인공이 됐다.

그리고 자양동 거리를 떠돌다가 뻥튀기 장수 트럭에 붙잡혀서 개소주가 될 뻔했던 순심이, 경기도 용인 함바집 뒷마당에 방치됐던 코돌이와 코순이, 나이가 많다는 이유로 여러 번 파양됐던 초롱이, 부천 아파트 베란다 밑에서 숨어지내던 레오, 살던 집이 재개발된 후 자신을 버린 주인을 하염없이 기다리다가 교통사고로 다리를 잃고 안락사될 뻔했던 순돌이, 경기도 시흥의 옥구공원에서 돌멩이와 몽둥이를 맞던 벤지, '사납다'라는 공고문구 때문에 안락사될 뻔했던 도담이, 구로동 재개발 지역 주변을 떠돌던 양쪽 눈을 실명한 금동이, 경북 의성의 위험한 도로를 배회하던 미나리, 파주시 도로 옆에 버려져 차에 치여 죽을 뻔했던 알콩이, 심장병을 앓아 버려진 후 보호소에서 안락사될 뻔했던 왕자, 일산의 한 보호소에서 구조된 순둥이 먹보 테리.

팅커벨프로젝트에서 구조돼 새로운 가족을 만난 2,500마리의 개들, 그리고 이 개들을 구조하는 계기를 선사하고 떠난 우리의 팅커벨.

흰순이와 흰돌이, 이 두 아이들의 입양을 통해 나는 전혀 다른 삶을 살게 됐다. '팅커벨프로젝트'라는 유기동물 구호단체의 대표가 된 나는 10년 넘게 안락사 위기에 있는 개들의 생명을, 그리고 삶을 구하는 일을 하고 있다. 그런 내게, 많은 사람들이 이렇게 묻는다. "개 한 마리 구한다고, 세상이 바뀌나?"

물론, 개를 구한다고 세상이 바뀌지는 않는다. 하지만 그 개의 세상만큼은 온전하게 바꿔줄 수 있다. 더불어, 나의 세상 또한 바뀌고 있다. **LD**

글·황동열
동물권단체 사단법인 팅커벨프로젝트 대표. 직장생활 20년 차인 2012년, 사고와 질병으로 부모를 잃고 유기견이었던 흰순이와 흰돌이를 입양했다. 이후 유기견의 구조와 입양을 위한 후원을 하다가, 2013년 5월 19일 유기동물 구호단체 팅커벨프로젝트를 설립했다. 이후 10년 동안 약 2,500명 유기동물의 생명을 구했고, 그들에게 가족을 찾아줬다. 저서로 『뚱아저씨의 BMW 다이어트』(잉크, 2010년), 공저서로 『동작대교에 버려진 검둥개 럭키』(박현숙, 황동열 글, 신민재 그림 국민서관, 2015년)가 있다.

동물권 정책가, 한정애 국회의원과의 만남

개 식용 금지법, 올해는 제정될까?

점점 뜨거워지는 여름, '개 식용 논쟁' 역시 식을 줄 모른다. 올해는 여야가 앞다퉈 '개식용 금지' 관련 법안을 내놓고 있다. 특히 지난 6월 28일, 한정애 더불어민주당 의원이 대표 발의한 '개 식용 종식을 위한 특별법안'은 동물권과 환경과의 밀접한 관계를 시사한다. '개 식용 종식'을 외치는 목소리가 날씨만큼 뜨거웠던 지난 7월 24일, 한정애 의원을 만나 동물권 핵심 주제들을 짚어보며 동물권 선진국을 향한 그의 철학과 정책, 전망을 들어보는 시간을 가졌다.

인터뷰이 ▌한정애 더불어민주당 국회의원, 전 환경부 장관
인터뷰어 ▌김진주 〈르몽드 디플로마티크〉 한국어판 홍보위원

정치에 특별히 관심이 없다 해도, 동물권에 관심을 가지다 보면 종종 귀에 들리는 정치인의 이름이 있다. 바로 한정애 국회의원(더불어민주당 소속)이다.

2016년, 동물보호법 개정을 위한 동물유관단체 대표자 협의(약칭 '동단협')를 중심으로 '펫공장'과 '펫숍' 개선을 촉구하는 목소리가 높아졌고, 이에 귀를 기울인 한정애 의원이 관련 법안을 대표 발의했다.(1) 이를 계기로 '동물권 정책가'의 길에 들어선 한 의원은, 2018년 한국인 최초로 '동물대체시험 분야의 노벨상'이라 불리는 러쉬 프라이즈(Lush Prize) 로비 부문을 수상하기도 했다.(2)

문재인 정부 시절 환경부장관을 지낸 한정애 의원이 발의한 법안들 중에는, 환경과 동물권의 연관성을 시사하는 것들이 적지 않다. 대표적으로 음식물 쓰레기를 동물사료로 활용하는 것을 금지하는 폐기물관리법(2017), 해양생태계의 보전 및 관리에 관한 법률(2017), 생활화학제품 및 살생물제 안전관리 법률(2019) 등을 들 수 있다.

한 의원은 동물권단체들과도 꾸준히 소통해왔다. 2021년 3월 '유기견의 대모' 배우 이용녀 씨의 보호소에 화재가 발생했을 때도 직접 방문해 봉사와 위로를 전한 바 있다. 개 식용 종식을 위해서도 부단히 노력해온 한정애 의원은, 지난 6월에도 개 식용 종식을 위한 특별법안을 대표 발의했다.(3)

– 2017년부터 실험동물을 위한 법안을 꾸준히 발의했으며, 2018년에는 '화학물질 등록 및 평가 등에 관한 법률(화평법)'을 통과시켜 한국인 최초로 러쉬 프라이즈 로비 부문 특별상까지 받았다. 동물실험의 비윤리성(잔혹성)에 대해서는 굳이 설명할 필요가 없으리라 생각된다. 그 효율성(경제성)에 대해서도 계속 의문이 제기되고 있다. 이제, 동물실험은 종식을 선언할 단계가 아닌지.

"매년 전 세계에서 5억, 국내에서만도 500만에 달하는 동물들이 고통스러운 실험에 희생되고 있다. 그런데, 이 동물실험의 효율성이 매우 떨어진다. 근본적으로, 인간과 인간 외 동물은 다르기 때문이다.

올해 초, 전 세계 신약개발 관련 국제표준 기관인 미국 FDA(Food and Drug Administration, 식품의약국)에서 충격적인 발표를 했다. 동물실험을 통해 효과를 확인한 약물 중 90% 이상이 임상실험에서 탈락했다는 것이다. 이에 따라, 미국 FDA는 올해 초 의약품 허가에 있어 동물실험 의무조항을 삭제했다. 그리고 대체방안으

로 ▲조직 및 미세생리학적 시스템 ▲컴퓨터 모델링 ▲오가노이드(Organoid, 장기유사체)등의 제작기술인 3D 바이오프린팅(3D Bio Printing)(4) 등을 제시했다.

유럽과 일본 등에서도 동물실험 중단 및 대체시험 활성화에 주력하고 있다. 이것이 전 세계적인 흐름임은 분명하다. 본인도 이런 흐름에 맞춰 지난해 12월, 동물 대체시험법 활성화를 위한 법안을 대표 발의했다.(5)

이제, 대체시험이 주류가 되는 세상이 멀지 않았다. 특히, 화장품의 경우 현 시점에서 동물실험을 종식시켜도 된다고 본다. 화장품 및 생활용품(샴푸 등)에 사용되는 물질(성분)은 제한적이므로 누적된 데이터만 잘 활용해도 충분하며, 동물실험을 하지 않은 제품에 대한 선호도가 높아지고 있다.

신약개발의 경우에는 좀 더 시간이 걸리겠지만, 대체시험의 활성화 속도 등을 볼 때 향후 20년 안에 종식이 가능할 것으로 전망한다.”

– 민법 98조 개정에 대한 기대감이 확산되고 있다. 우선 반려동물 6종(개, 고양이, 토끼, 기니피그, 햄스터, 페럿)에 ‘물건’이 아닌 ‘제3의 지위’가 부여되면, 적어도 이들 6종에 대해서는 생산(펫공장)과 판매(펫숍)를 금지시킬 수 있을지.

“민법 98조 개정은 동물권 확장을 위한 발판으로 보는 게 적절하다. 민법을 개정하더라도 구체적인 사안에 대해서는 개별 법률을 추가적으로 규정 및 개정해야 한다. 이미 동물권을 규정한 독일, 오스트리아, 스위스 등 소위 ‘동물권 선진국’들에서도, 민법 개정을 통해 ‘동물은 물건이 아니다’라는 규정을 만든 후, 후속 입법을 통해 구체적인 조치를 마련하는 단계를 거쳤다. 우리도 민법 98조를 개정해 동물에게 제3의 지위를 부여한다면, 이를 근거로 동물보호법 등 개별 법률의 추가 개정을 통해 동물의 생산과 판매를 개선할 수 있을 것이다.

현실적으로 보면, 펫공장과 펫숍 문제는 ‘금지’가 아닌 ‘규제’로 풀어야 한다. 무조건 금지할 경우 음성화될 것이고, 그렇게 되면 폐해가 더 심각해질 것이다. 본인이 2016년 대표 발의했던 동물생산업의 허가제의 취지는, 음성화돼 있었던 동물의 생산과 판매를 양성화함으로써 개선하고자 한 것이다. 산업 그 자체는 허용하되 생명체를 다루는 만큼 최소한의 윤리적 기준을 마련해, 그런 기준에 따라 허가받은 업체에 한해 영업을 허용하는 것이 ‘허가제’다. ‘허가’를 ‘면허’ 수준으로 강화함으

지난 7월, 여의도 의원실에서 <마니에르 드 부아르> 10호 『동물, 또 다른 시민』을 들고 미소 짓는 한정애 의원.

한정애 의원은 2018년 한국인 최초로 '동물대체시험 분야의 노벨상'이라 불리는 러쉬 프라이즈(Lush Prize) 로비 부문을 수상했다.(사진제공-러쉬코리아)

최근 한 여론조사에 따르면, 국민의 94%가 "동물과 물건의 법적 지위를 구분해야 한다"고 응답한 바 있다. 또한 국민 4명 중 1명이 동물을 가족으로 여기며 같이 살고 있음에도, 여전히 동물을 '물건' 취급하는 것은 우리 법체계가 국민의 감수성을 반영하지 못하고 있는 것이다.

현재 국회에서 여야가 민법 개정안 처리를 약속하고, 법안을 논의하고 있다. 그러나, 법원행정처가 "취지에는 공감하지만, 소유권과 관련한 여러 문제가 발생할 수 있다"라고 강력하게 반대해 진척이 되지 않고 있다. 사법부는 국민의 감수성을 반영해, 민법 98조 개정에 적극적으로 나서야 한다."

— 국내 동물보호법상 '반려동물'은 개, 고양이, 토끼, 기니피그, 햄스터, 페럿 총 6종이다. 이들 중 식용산업의 대상이 되는 것은 개, 그리고 토끼도 있다. '개 식용금지'에서, 토끼까지 포함해 '반려동물 식용금지'로 확장해야 하지 않을지.

"법적으로 식용 가능한 가축은 축산물위생관리법에서 정하는데, 축산물위생관리법상 개는 가축에 포함되지 않는다. 또한 식품원료로 사용 가능한 품목은 식품위생법의 식품공전에서 정하는데, 개고기는 식품원료에 해당되지 않는다. 해당 법을 위반할 경우, 5천만 원 이하 벌금 또는 5년 이하의 징역에 처하도록 하고 있다. 즉, 개 식용은 '이미' 불법이다. 단지 관습이라는 이유로 법 적용을 유예하고 있는 것이다.

축산법위생관리법상 가축에 속하는 동물 종은 토끼 외에도 사슴, 거위, 메추리, 꿩, 당나귀, 칠면조 등이 있다. 개인적으로 이들 중 당나귀도 제외시키고 싶다. 그러나, 식용금지 범주를 토끼까지 확대하는 것은 조심스러운 사안이다. 개 식용금지에 대한 논점을 흐릴 위험이 있기 때문이다.

개 식용 종식을 외치는 목소리가 사라지지 않는 것은, 우선 개의 사육 및 도살 방식이 대단히 비윤리적이고 비위생적이기 때문이다. 또한, 개가 인간과 가장 오랜 세월 많은 교감을 나눠온, 대표적인 반려동물 종이기 때문이다. '대표 반려동물' 개의 식용을 금지한다면, 다른 동

로써, 대상 동물에 대한 처우를 대폭 개선할 수 있다.

국내에서는 너무 쉽게 동물을 구할 수 있다. 따라서 쉽게 버리는 등 동물학대가 쉽게 일어난다. 또한 반려견 산책 시 배설물 처리를 제대로 하지 않는 등 타인에게 끼치는 피해로 인한 갈등도 흔하다. 이런 문제들을 예방하기 위해, 독일과 같은 반려인 자격 제도 도입이 필요하다."

— 2017년 동물학대자 소유권 제한을 위한 법을 발의했다. 매우 중요하고 시급한 사안이다. 성범죄자처럼 '앱'을 만들어 신상을 공유하자는 의견도 있다. 이견이나 이해관계의 충돌이 적은 사안임에도, 진전이 더딘 감이 든다.

"안타깝게도 이 문제 또한, 민법상 동물이 물건으로 규정돼 있는 것과 연관이 깊다. 우리나라에서는 민법상 소유권을 가장 기본적인 권리로 규정하고 있기에, 민법 개정 없이 소유권을 제한한다는 것은 어려운 문제다.

현행법상 동물학대가 발생할 경우, 긴급조치로 약 5일간 격리조치를 취할 수 있다. 하지만 소유자가 해당 동물에 대한 권리를 포기하지 않을 경우, 학대당한 동물을 학대 현장으로 돌려보낼 수밖에 없는 현실이다. '동물학대자 앱'도 생각해볼 수 있지만, '성범죄자 앱'도 활용도가 높지 않은 현실 속에서 해당 앱의 활용도 및 효과를 기대하기는 어렵다.

물 종에 대한 인식 및 제도 개선을 자연스럽게, 신속하게 앞당길 수 있다.

한 마디로, 지금은 개 식용 금지에 집중할 때다."

"그간의 노력들이 쌓여, 오늘에 이른 것이다.
더 나은 내일을 위해,
국민들은 계속 목소리를 내주시길"

– 지난 6월 28일 개 식용 종식을 위한 특별법안을 발의해주셨다. 많은 동물권 운동가들은, 2018~2019년 문재인 대통령 시절 개 식용 금지법이 통과될 줄만 알았다. 그때 가졌던 기대가 컸던 만큼 실망도 크다. 개 식용 종식을 열망하는 국민들에게 격려와 당부를 부탁드린다.

"이해한다. 기대가 컸던 만큼 실망도 클 것이다. 하지만 냉정하게 생각해보면, 국내 동물권 관련 논의가 본격화된 것은 10년이 채 되지 않았다. 개 식용 종식 등 동물권 제고에 주력해온 개인과 단체에서는 노력과 기대에 비해 성과가 미미하다고 느낄 수 있다. 하지만, 개 식용 금지법 제정이 본격적으로 논의된 것도 21대 국회부터인 걸 감안하면, 실상 최근 몇 년 사이에 많은 진전이 있었던 셈이다. 문재인 정부 시절 설립된 개식용종식위원회도 국내에 관련 논의를 활발하게 한 계기가 된 것은 분명하다. 그 증거로, 개 식용 문제에 무관심하던 집권여당(국민의힘) 의원들도 개 식용 금지를 위한 입장과 법안을 내고 있다. 즉, 그간의 노력들이 축적돼 오늘에 이른 것이다.

국회는 국민을 바라볼 수밖에 없고, 입법은 국민의 인식과 감수성을 따를 수밖에 없다. 그 속도가 노력과 기대에 미치지 못해 아쉽더라도, 노력과 기대를 거두지 말고 꾸준히 관심을 가지고 지켜보며 목소리를 내주시길 바란다. 그러면, '그날'은 반드시 올 것이다."

– 환경은 개 식용 자체에 반대하는 사람들만이 아닌, 우리 모두의 문제다. 개 농장 등 각종 밀집 사육장, 불법 번식장의 환경파괴적 측면에 대해 목소리를 높여야 하지 않을지.

"너무나 당연한 이야기다. 과거 방목의 형태이던 축산은, 인간의 탐욕으로 인해 공장식, 밀집 사육 형태로 변질됐다. 그러다 보니 자연환경이 수용 불가할 수준의 가축 분뇨가 발생하고, 이를 처리(정화)하지 못해 인근 토양과 하천 등에 그대로 방류돼 지역사회의 심각한 오염원이 되고 있다.

2016년 기준 국내 암모니아 총 배출량의 82.3%인 23만 7,000톤이 농업·농촌 분야에서 배출된다. 그중 축산분뇨가 91.6%를 차지하는 것으로 조사됐다(2019년, 국립환경과학원이 2016년 기준으로 발표). 암모니아는 자동차 등에서 나오는 가스상 물질과 결합해 2차 미세먼지를 만드는 주요 물질이다. 또한. 소가 배출하는 메탄은 이산화탄소보다 23배나 온실가스 효과가 높다.

공장식 축산이 기후위기에 큰 영향을 미친다는 것은, 전 세계적으로도 주지의 사실이다. 최근 IPCC(기후변화에 관한 정부 간 협의체)가 채택한 '기후변화와 토지에 대한 특별보고서'에서 "육류 섭취를 줄일수록 더 좁은 면적의 토지에서 더 많은 식량을 효율적으로 생산할 뿐 아니라, 온실가스 배출도 감축할 수 있다"라고 밝힌 바 있다.

최근 대체육, 배양육 등이 지속적으로 개발되고 있으며, 비건(Vegan) 문화가 확산되고 있는 것은 바람직한 변화다. 이런 대안들이 공장식 축산으로 인한 동물권, 환경 침해 문제를 상당 부분 해결할 수 있다고 기대한다. 앞으로 비건 산업과 문화가 국내에 안정적으로 정착할 수 있도록, 꾸준히 관심을 가지고 관련 법을 발의하고 제도지원을 할 계획이다." **lo**

글·김진주
본지 홍보위원. 동물권 문제는 모든 사회적 문제(환경, 노동, 여성, 장애인, 이주민, 난민, 식민지 등)와 연결돼 있다고 생각해 활동하고 있다.

(1) [의안번호 2001958] 동물보호법 일부개정법률안(한정애 의원 등 19인), 동물생산업의 허가제 등, 2016년 8월 30일 발의.
(2) '잔인한 동물실험, 대안이 필요하다(2018 러쉬 프라이즈 한국인 수상자 2명 탄생)', 김진주, <UPI뉴스>, 2018년 11월 19일.
(3) [의안번호 2122926] 개 식용 종식을 위한 특별법안(한정애 의원 등 11인), 2023년 6월 28일 발의.
(4) 3D 프린터와 생명공학이 결합된 인쇄기술. 살아 있는 세포를 원하는 형상 및 패턴으로 적층해 조직 및 장기를 제작함으로써 생체 조직 대체 효과를 볼 수 있다.
(5) [의안번호 2119112] 동물대체시험법의 개발 보급 및 이용 활성화에 관한 법률안(한정애 의원 등 13인), 2022년 12월 23일 발의.

한반도 평화에 대한 인기 없는 생각

윤 정권의 미 · 일 동맹, 제2 태프트-가츠라 밀약의 망령이 보인다

2018년 남과 북의 정상이 9 · 19 공동성명을 체결한 지 올해로 5주년, 한반도에 평화는 아직도 요원하고 갈등과 대립의 골만 깊어지고 있다. 북한의 비핵화를 놓고 첨예하게 형성된 신냉전 질서 아래 한 · 미 · 일 3각 안보협력체는 북 · 중 · 러와 팽팽히 맞서 있다.

본지는 〈동아일보〉 출신으로 국회의원 3선을 역임한 원로정치인 이부영(자유언론실천재단 명예이사장)씨가 민족자주의 관점에서 현재 한반도 사태의 본질과 그 해법에 관해 쓴 원고를 게재한다. 필자가 해방–광복 100주년이 되는 2045년까지 남북 간 평화공존과 교류협력의 통합 청사진을 제시하면서, 특히 윤석열 정부의 미 · 일 동맹에 대해 한국이 피해를 보는 '제2의 태프트–가츠라 밀약'이라고 한 것은 특히 주목할 만한 경고다.(–편집자 주)

이부영 ▌자유언론실천재단 명예이사장

몽양 여운형 선생 76주기에 생각한다

지난 7월 19일은 몽양 여운형(1886~1947) 선생 서거 76주기였다. 여운형 선생은 해방정국에서 가장 예리하게 내외정세를 분석하고 자주정부와 통일정부 수립에 심혈을 기울인 지도자였다. 몽양 선생은 미 · 소 군정을 움직여 미 · 소 공위를 지속하도록 노력했다. 미 · 소 공위가 열려야 좌우합작 통일정부 수립이 가능했기에 노력했다. 여운형 선생은 당시 반탁세력이 득세하던 남한 정국에서 찬탁 세력의 주도자로 보였다. 남북협력, 좌우합작에 몽양 선생이 나서자 미 군정은 방북하려는 몽양 선생을 만류했다. 몽양 선생은 이렇게 대꾸했다. "집주인이 안방에 가든 건너방에 가든 손님이 이래라 저래라 하는 법은 없는 일이다."

분단과 증오가 판치는 오늘처럼 몽양의 자주 · 자립 정신이 요청되는 때도 없다. 당시 냉전이 격화되고 일본의 전략적 가치가 높아지면서 맥아더 미 극동사령부는 점차 한국 전초기지론으로 기울었다. 미국의 한반도 분단론에

일본 보수세력의 입김이 반영된 것일까. 그들로서는 몽양의 제거가 불가피했을 것이다.

근현대사의 망국-분단을 극복하려던 내부동력

임진왜란과 병자호란 이후 시작된 실학운동은 이미 생명을 다한 성리학 이데올로기를 극복하려는 체제 내의 개혁운동(정약용 등)이었지만 정조의 사망으로 실패하고 말았다. 그들의 폐정개혁운동이 조정의 일부 정책에 개혁 기운을 불러왔지만 일반 대중과는 연계 없이 진행됐으므로 군주의 사망으로 막을 내렸다. 그 뒤 부패한 관료집단의 가렴주구로 무능했던 조선왕조는 다가오는 외세를 무방비인 상태로 맞아야 했다.

경상도 경주에서 창시된 동학운동은 전봉준을 중심으로 정읍과 전주에서 척양척왜(斥洋斥倭), 보국안민(輔國安民), 제폭구민(除暴救民)의 시대정신을 내걸고 농민을 비롯한 도탄에 빠진 백성을 일으켜 세웠다. 그 거대한 민족 내부 에너지는 죽창에 의지해 일제 군대의 현대무기

인 기관총에 맞섰다. 헤아릴 길 없는 귀한 농민군들이 떼죽음을 당했다. 구미 제국주의 세력으로부터 근대 과학기술과 국가조직론을 일찍이 학습한 일제는 미국과 영국 등으로부터 제정 러시아의 남하를 저지하고 자신들의 식민지 필리핀, 싱가포르, 말레이시아 등 동남, 서남아시아를 넘보지 않는다는 협약 제의를 받음으로써, 한반도 침탈의 기회를 얻었다.

이 같은 침략에 대한 내재적 저항세력의 구심이 바로 동학농민전쟁의 농민이었다. 비록 무수한 희생이 따른 패배를 겪었지만 그것은 구국의 내재적 동력이 살아있다는 증거였다. 그들의 일부 부대가 망국 전후의 의병부대의 모태가 됐다. 그들 의병부대는 원주의 유인석 의병부대를 거쳐 백두대간을 타고 올라가 만주 독립군의 원조가 됐다. 우리는 몽양 여운형의 가계와, 백범 김구가 동학운동에 참여했다는 것이 그들의 독립운동에 정신적 자양분이 된 것을 알 수 있다. 국내에서 동학 3대 교주 의암 손병희를 중심으로 계획하고 준비한 3.1 독립만세운동은 상해 대한민국 임시정부를 일으켜 세운다.

상해임시정부의 수립은, 각지에 흩어진 독립운동세력들로 하여금 반제·반식민주의 운동의 근거지 중국의 구국운동에 깊이 참여하게끔 했다. 소련혁명에 따른 사회주의 운동, 미국·영국의 민주주의 정치체제와 유럽의 사회민주주의 운동을 접촉하게끔 했다. 상해임시정부의 헌법이 민주공화제와 삼민주의에 근거한 사실은, 독립될 미래의 한국의 원형을 담은 것이라 하겠다.

동학농민전쟁으로부터, 조선왕조가 망국을 맞아 상해임시정부로 수립되는 과정은 우리가 우리의 내부동력을 통해 근대국가로 전환하는 기간이었다. 전 근대국가가 무너지고 국토와 민족이 식민지로, 피압박대중으로 전락하는 참극을 맞이했지만 그를 극복하려는 민족 내부동력이 떨쳐 일어나는 집단적 경험을 했고 그것은 무장독립전쟁을 비롯한 각종 독립운동의 원체험이 됐다.

윤석열 정권, 개도국들이 싫어하는 식민지 패권주의에 밀착

한국은 식민지배를 받은 개발도상국으로부터 선진국에 진입한 유일한 국가다. 탈냉전 시대 동안에는 민주화와 산업화 뿐 아니라 문화국가로서 개발도상국들의 선망의 대상이 됐다. 개발도상국들에게 많은 조언과 경험을 나눠줄 조건을 갖추고 있는 한국은 선진국들의 방해와 차별을 자신의 재능과 인내로 극복하고 선진국으로 진입한 국가다. 개발도상국들은 한국으로부터 선진국으로 진입한 노하우를 전수받고 싶어 한다. 한국이 보유한 차상위(次上位) 기술, 선진국에 이르는 경로를 배우고 싶어 한다.

그런데 한국의 윤석열 정권은 대다수 개발도상국들

미국 전쟁부 장관이었던 윌리엄 하워드 태프트.

일본 내각총리대신이었던 가쓰라 다로.

이 가장 싫어하는 식민지 패권주의 국가들에게 밀착하려고 온갖 노력을 기울이고 있다. 낡아빠진 식민본국의 '가치동맹'에 매달리고 있다. 자신을 가혹하게 학대하고 착취한 나라 일본에게 비굴하게 매달리고 있다. 국제회의에서 만난 외국의 지식인들조차 이해하지 못하겠다고 한다. 한반도에서 전쟁을 일으키지 못해 초조해하는 모습이라는 평가도 있었다. 윤석열 정권은 가지 말아야 할 길을 걷고 있다.

조선민주주의인민공화국(나는 북측이 우리를 대한민국으로 호칭했는데, 우리도 북측을 조선으로 호칭하는 것이 평화공존의 원칙에서 이 글의 취지에 맞다고 생각해, 이하 '조선'으로 표기한다)은 미국의 제재와 봉쇄에 고통을 겪고 있다. 조선은 소련이 해체되고 바르샤바 동맹이 무너지자 당황했을 것이다. 소련과 바르샤바 동맹은 조선의 이념과 과학기술을 제공한 우방이자 배경이었다.

한국전쟁 기간에 지원병을 파견하는 등 가장 강력한 혈맹이었던 중국은 역사적으로나 지리적으로도 종주국 행세하는 큰 나라로 인식돼 조선의 건국 이래 경원하는 사이였다. 중국의 이른바 '개혁개방', 즉 자본주의를 향해 뛰어가자(走資)는 주자파 노선을, 조선은 이해할 수 없었을 것이다. 중국, 조선, 베트남은 동유럽과는 달리 20세기 이후 일본과 구미 제국주의 세력의 침략-식민지배를 겪고 민족해방운동을 통해 민족적 자주성을 지켰다. 1990년대, 이른바 탈냉전 시대를 맞아 조선은 한국과 함께 유엔에 동시 가입했고 남북기본합의서에 근거해 화해교류협력에 합의했다.

이후 한국은 중국, 러시아와 수교했으나 조선은 미국, 일본의 거부로 수교하지 못했다. 조선은 미국과 일본의 수교 거부를 동유럽 국가들의 경우처럼 조선 체제를 무너뜨리겠다는 의도로 해석했다. 그래서 조선은 핵무기개발에 매달렸다. 핵개발 30여 년 만에 핵무기 고도화와 정밀화에 성공했고 대륙간탄도미사일과 잠수함발사미사일까지 성공시켜 미국본토까지 사정거리를 넓혔다.

1990년대 초 미국과 일본의 수교 거부가 이렇게 가공할 결과를 가져오리라고는 두 나라의 전략가들도 예상하지 못했을 것이다. 조선을 가두고 굶기고 학대한 결과가

미국과 일본을 정조준하는 핵미사일로 돌아왔다는 사실은, 아무리 작고 하찮아 보이는 나라와도 대화하고 국제사회에 참여하도록 하는 것이 책임 있고 지도력 있는 나라가 취할 도리라는 것을 가르쳐주고 있다. 한국이 앞장서 미국과 일본이 조선과 수교하도록 주선했어야 했다.

통합의 청사진, 광복 100주년 되는 2045년까지는 평화공존 성취해야

우리는 외세에 의해 분열된 한반도의 운명에 분노하고 바로 통일을 달성하지 못하는 것에 비통해한다. 갈라진 한국과 조선이 극단적으로 대립 갈등하는 것에 통탄한다.

한국과 조선이 갈라져 싸우는 것에 분노하고 통탄하고만 있어서야 되겠는가. 조건이 성숙하도록 끈질긴 노력을 해야 하지 않겠는가. 우선 삼면이 바다로 둘러싸이고 북으로는 철조망으로 가로막힌, 그리고 세계최강의 미군 몇만 명이 주둔하는 한국에서 그 가혹한 군사독재 아래서도 통일운동, 평화운동, 민주화운동이 멈춰본 적이 있었는가. 오랜 역사와 문화의 전통을 이어온 한국 사회는 외세의 압제 아래서도 굴한 적이 없었다. 더욱이 민주화, 산업화, 문화국가로 우뚝 서서 개발도상국을 넘어 선진국으로 올라선 한국은 여유 있게 미래로 나아갈 자세를 가져야 할 것이다.

조선도 민족해방의 전통으로 나라를 세우고 통일을 이뤄야 한다는 일념으로 지난 70여 년 세월을 보냈다. 소련의 해체와 사회주의권의 체제전환을 맞으면서, 더욱이 미국과 일본의 체제 붕괴 위협에 직면해 핵무장에 착수하면서도 자력갱생과 자주국방을 견지해왔다. 봉쇄와 제재로 경제발전에 제약을 겪어왔지만 나름대로 능력 있고 신속한 발전 가능성을 갖추고 있다는 평가를 받고 있다.

남북관계를 풀 수 있는 열쇠는 한국의 민주주의 신장에 있다. 첫째, 한반도의 평화, 민주주의, 복지시장경제를 주요 정책으로 가진 민주-진보 연합세력이 집권해야만 한반도의 평화공존과 교류협력 정책을 지속시킬 수 있다. 남북대화, 교류협력 자체를 거부하는 극우세력과 남남대화를 계속해 상호불신을 극복하고 상호 존재 인정을 위해 노

력해야 한다.

둘째, 민주-진보 연합세력은 상당한 기간에 걸쳐 미국과의 협상을 통해 전시작전통제권을 환수하되 미군 주둔 조건에 대해서도 협상해야 할 것이다. 다극화되는 국제 환경이 우리를 돕고 있다. 셋째, 광복해방 100주년이 되는 2045년까지는 남북이 평화협정을 맺어 평화공존, 교류협력을 성취하고 좀 더 장기적인 통합의 청사진을 논의해야 한다.

조선도 첫째, 한국을 남조선혁명 대상으로, 공존 부정 대상으로 규정해온 대남정책을 수정한다는 의사를 밝혀야 한다. 둘째, 조선이 자국의 안보를 위해 보유하고 있다는 핵무력을 한국에 사용할 수 있다고 천명한 대남 핵 공격 발표를 취소해야 조선을 반대하는 한국 국민들의 의사를 진정시킬 수 있을 것이다. 셋째, 2024년 미국 대통령 선거를 앞두고 미국 민주-공화 양당 후보들의 대북정책에 반영될 수 있도록 조선이 미국과 대화하겠다는 의사를 밝혀야 한다. 넷째, 한국이 평화공존과 교류협력 정책을 표명할 경우, 조선은 즉각 화답해야 할 것이다.

미국 세계전략에 무모한 동조는 곤란, 우려되는 제2의 태프트-가츠라 밀약

본격적으로 작동하는 미·일·한 군사동맹 시대는 동아시아와 한반도에 전쟁의 먹구름을 드리우게 할 것이다. 2023년 8월 18일 미국 캠프 데이비드 대통령 별장에서 열린 미국-일본-한국 3국 정상회담은 동아시아-한반도에 신냉전 대결시대를 구조화하겠다는 선언이 됐다. 한국을 미국-일본 군사동맹의 하부구조에 묶어놓은 채 중국-러시아-북한에 대한 대결 구도를 격화시키려는 이번 3국 정상회담에 우리는 동의할 수 없다.

이번 정상회담은 1905년 미국과 일본의 태프트-가츠라 밀약(1905년 7월 29일 미국 윌리엄 하워드 태프트 전쟁부 장관과 일본 가츠라 다로 내각총리대신이 맺은 밀약. 미국의 필리핀 지배권과 일본의 조선 지배권을 상호 승인하는 것이 핵심내용-편주)의 재판(再版)이 될 것이라는 의구심을 지울 수 없다. 윤석열 대통령은 한국의 안보

를 일본에게 의존케 만드는 미국의 세계전략에 무모하게 동조함으로써 다시 나라를 위기에 몰아넣게 될 것임을 강력하게 경고한다. 더욱이 국민의 지지와 결속을 얻지 못하고 있는 윤석열 정권은 긴장 조성과 대결로 정권을 지키려는 것이 아닐까 우려를 자아내고 있다.

한반도와 전 세계에 살고 있는 우리 민족은 망국도, 식민지배도, 전쟁도, 타향살이도, 동족 간 분열도, 허망한 이념대결도 겪을 만큼 겪었다. 한국은 외세의 간섭과 군사독재의 탄압 속에서 후진국, 개발도상국을 거쳐 선진국에 접어들었다. 조선은 민족해방운동의 기치를 들고 봉쇄와 제재를 뚫고 핵보유국이 됐다. 그러나 자주를 지키겠다며 세계 최강의 미국에 맞선 대가는 처절했다. 기아와 퇴행을 강요당했고 끊임없이 체제 붕괴의 위기와 공포에 시달려야 했다.

비록 분단을 극복하지는 못했지만, 그렇다고 극한국과 조선 양측이 오늘에 이르기까지 이뤄놓은 성과를 스스로 과소평가할 일은 아니다. 아니, 오히려 대견하고 뿌듯하게 여겨 마땅하다. 좌절은 얼마나 모질었으며 공들여 쌓은 탑들이 얼마나 헤아릴 수 없이 무너졌던가. 다시는 좌절도 파괴도 용서하지 않겠다는 다짐만이 있을 뿐이다. 현 시기는 한국과 조선 양측에게 시련과 인내의 시간이며 집단적 지혜를 찾아 나서는 민족적 각성의 시간이기도 하다. 남북한이 지금까지 축적한 역량을 함께 모아 서로를 인정하고 먼 미래를 바라보면서 해방-광복 100주년을 맞이해야 하겠다. 우리는 망국 전후 떨쳐나섰던 동학농민전쟁의 선열들께서 보여주신 우리 민족 내부의 주체적 역량이 지금까지 이어져 우리를 이끌고 있음을 온몸으로 느낀다. 이 내재적 주체역량이 한국과 조선의 민족적 각성을 통해 우리를 막아서는 마지막 장애 사슬을 마침내 끊어낼 것이다.

해방-광복 100주년 되는 2045년까지 남북한이 평화협정을 통해 평화공존, 교류협력을 평화적으로 성취해내기를 염원한다. **ⓛⒹ**

글·이부영
자유언론실천재단 명예이사장. 1974년 동아일보 기자 시절 10월 유신에 맞서 동아자유언론수호투쟁위원회 대변인으로 활동했다. 해직 이후 재야에서 민주통일민중운동연합 사무처장을 지냈으며, 정계에 입문해 14~16대 국회의원으로 활동했다. 몽양 여운형 기념사업회 회장, 장준하 선생 기념사업회 명예회장을 역임했다.

전국 최초 ESG교육 도입한 서거석 전라북도 교육감

교사인권과 학생인권, 모두 중요하다!
동시보호 조례 제정

취임 1년을 넘긴 서거석 전라북도 교육감은 지난 1년을 전북교육대전환의 기틀을 마련한 시간으로 평가했다. 전국 최초로 학생 인권과 교육주체들의 인권 보호를 함께 도모한 '전북교육인권조례'를 제정함으로써, 교권 추락에 관한 사회적 관심이 높아지는 가운데 더욱 주목받고 있다. 전국 교육청 중 전북에서 처음으로 초중고에 ESG교육을 도입하는 등 선제적 교육행정을 펴고 있는 서거석 교육감을, 지난 8월 본지 편집위원인 안치용 ESG연구소장이 전북교육청에서 만났다.

대담 ▮안치용 ESG연구소장, 본지 편집위원

취임 1년이 지났습니다. 소감과 평가를 들려주신다면.

"도민들의 관심 속에 전북 교육주체들과 합심해 노력한 결과, 많은 성과가 있었습니다. 우선, 기초·기본학력을 포함해 전반적인 학력의 중요성에 공감대가 조성됐습니다. 그리고 기초학력 책임제로 학교 안팎에서 학생들의 기초학력 신장을 위한 다양한 프로그램이 운영되고 있는 것이 가장 큰 성과 중 하나입니다.

무엇보다, 학생인권과 교권의 균형을 맞추고 모두의 인권을 보호하는 '전북교육인권조례'가 제정됐습니다. 학생인권과 교육주체들의 인권보호를 함께 담고 있는 조례는 전국 최초입니다. 미래교육 환경 구축의 기반을 마련했습니다. 학생들이 미래기술을 체험하고 교육을 받을 수 있는 미래교육캠퍼스 설립이 교육부 중앙투자심사를 통과했습니다. 내년까지 초등학교 4학년에서 고등학교 3학년 학생에게 스마트기기가 제공되고, 교실에 스마트 칠판이 설치됩니다.

그밖에 학생의회 설립, 인사제도 개편, 작은 학교 살리기 등 성과가 있었습니다. 지난 1년은 전북교육대전환의 기틀을 마련한 시간이었습니다. 앞으로 3년동안 '학생중심 미래교육' 실현으로 학생들의 미래를 활짝 열겠습니다."

– 학령인구 감소와 지역소멸이 사회 문제로 대두하고 있습니다. 이 문제를 극복하기 위해 전라북도교육청은 어떤 노력을 기울이고 있습니까.

"현재 전라북도 전체 763개 초·중·고등학교 중 약 40%인 310개가 학생 수 60명 미만인 소규모 학교입니다. 작은 학교를 살려야 한다는 데 적극 동의합니다. 작은 학교를 살리기 위한 대표적인 정책으로 '농촌유학'과 '광역 공동통학구형 어울림학교'가 있습니다.

'농촌유학'은 농산어촌 학교 활성화와 학생 유입을 위해 지난해 10월부터 운영하고 있는 정책입니다. 전국에서 유학생들이 찾아와 농산어촌 학교에 활력을 주고 있습니다.

'공동통학구형 어울림학교'는 시·군간 경계를 허물어 도시 학생이 농산어촌의 특색있는 교육과정을 운영하는 작은 학교에 다닐 수 있도록 한 것입니다. 지금까

지는 같은 시군 지역 내에서만 큰 학교에서 작은 학교로 학생들이 옮겨 다닐 수 있도록 허용했습니다."

– '작은 학교 살리기' 방안의 하나로 꼽은 '전북형 농촌유학'을 설명해 주시면.

"전북농촌유학은 '지역별 특색이 있는 테마식 농촌유학'입니다. 진안 아토피 치유, 순창 국악, 임실 치즈, 완주 로컬푸드 및 생태 등 14개 시·군에 특색있는 프로그램을 운영해, 관심 있는 국내 학생의 유학을 장려하고 있습니다. 최근에는 익산에서 '골프'를 특화해 초-중-고등학교까지 유학을 추진 중입니다.

올해 상반기에 중학교를 포함해 18개교로 협력학교가 늘어나고 서울뿐 아니라 전국에서 온 약 90명의 유학생이 전라북도 각 지역의 농촌유학 협력학교에서 즐겁게 생활하고 있습니다. 두 학기밖에 안 됐는데도, 유학생과 학부모의 만족도가 매우 높습니다. 농촌유학은 작은 학교 살리는 문제와도 직결돼, 앞으로 역점을 두고 추진하려고 합니다."

– 농촌유학 등이 교육청의 힘만으로는 어려울 텐데요. 교육협력이 중요할 것 같습니다.

"지자체나 대학, 유관기관과 활발하게 소통·협력하고 있습니다. 도내 14개 시·군을 누비며 200여 차례 정책 간담회와 공감토크를 진행했습니다. 하반기에도 지속할 예정입니다. 전라북도에서 지속가능한 전북 농촌유학을 위해 가족체류형 거주시설 조성사업에 본격적으로 나서기로 했습니다. 지난 3월에 시·군 공모를 진행했습니다. 진안군, 임실군, 순창군이 사업 대상 지역으로 선정됐습니다. 각 지역에 가족이 머물 수 있는 주택을 20호씩 마련하고, 학부모 편의시설이나 소통 공간 등 공동이용시설까지 추가함으로써 농촌유학이 안정적으로 정착할 수 있도록 뒷받침하기로 했습니다."

– '농촌유학'을 매개로 만난 학생들의 반응이 궁금합니다.

"서울 등 다른 도시에서 전라북도로 농촌유학 온 학생들이 입을 모아 이야기하는 것이 '대도시에서 할 수 없던 일을 할 수 있어 좋다'라는 겁니다. 일단은 공기가 맑아 숨을 크게 쉴 수 있고, 속이 시원하다고 합니다. 친구들이 착하고 교통이 복잡하지 않아 마음 놓고 놀 수 있다고 합니다. 벼를 그릴 줄도 모르던 학생들이 벼가 자라는 걸 볼 수 있다고 자랑했습니다. 진안으로 유학을 온 한 학생은 태어날 때부터 아토피가 심했는데, 농촌유학을 온 뒤로 놀라울 정도로 피부가 건강해져서 부모님도 본인도 무척 놀라고 기뻐하고 있습니다.

전부터 이 학교를 다니던 학생들은 무엇보다 함께 놀 친구가 생겨서 좋다고 합니다. 한 반에 인원이 늘면서 분위기가 활기차지고 음악이나 체육 시간에 전에는 할 수 없던 형태의 수업을 하기도 하고, 나와 다른 생각을 가진 친구와 서로 가르쳐주고 배우는 것이 좋다고 제게 말해줬습니다.

학생들은 또래와 어울리며 자랍니다. 그게 성장입니다. 어른들의 욕심 때문에, 학생들에게 성장의 기회를 빼앗으면 안 됩니다."

– 제19대 전북교육감직인수위원회가 2022년 7월 25일 교육감에게 인수위 활동 내역과 결과물인 10대 제안서를 전달했습니다. 10대 제안 중 '공존의 미래 위한 ESG 교육 선도'가 제일 앞에 있습니다. 최근 전국 교육청 중 최초로 초중고 학생 ESG 교육 및 교사 ESG 연수에 들어간 것은 제안을 정책화하려는 의지로 보입니다. 어떤 의의가 있습니까?

"ESG교육은 현재의 교육이 아니라 미래교육입니다. '학생중심 미래교육'을 지향하는 전라북도교육청이 ESG교육 선도를 주창한 이유입니다. 교육현장에서는 ESG가 아직 생소한 개념입니다. ESG는 단순히 기업이나 공공기관의 의무가 아니라 미래사회를 바꿔갈 변화의 시작점입니다. 미래사회를 살아갈 우리 학생들이 초·중·고 학창시절에 공교육에서 거쳐야 하는 필수과정이라고 생각합니다.

지금 교육의 역할은 ESG를 배우고 익히고 행동하게 함으로써 생활화, 습관화가 되게 하는 것입니다. 기후위기를 넘어 기후재앙의 시대라는 말이 실감이 납니다. 학생들이 어렸을 때부터 오감을 통해 주변의 자연을 체감하고 자연 안에 존재하는 자신을 인식해야 합니다. 이상기후가 지구의 문제임을 깨달은 학생들이 지구를 구하려는 적극적인 방법을 찾을 것입니다.

ESG교육은 인류 생존에 대한 책임 문제입니다. 이전 세대가 가져온 기후변화 위기를 고스란히 떠안아야 하는 미래세대에게 우리가 해줄 수 있는 최소한의 의무입니다."

– 반응이 어떤가요.

"유치원부터 초·중·고까지 교육과정에 ESG원리와 실천방안을 반영해 미래를 향한 ESG실천체계를 강화해야 합니다. 다만 ESG교육에서 학생들에게 무엇을 가르칠 것인지, 필수적인 내용 요소를 계획하고 제시하는 것이 무척 어려웠습니다.

현재 전라북도교육청의 ESG교육은 환경교육에 초점을 맞춰, 학생 교육과 교사 연수를 진행하고 있습니다. 2023년 1학기에는 187개 학급을 대상으로 학생 교육을, 108개교 학교에서 교사 연수를 지원했습니다. 2학기에도 학교 ESG교육과 교사 연수를 추가로 지원할 예정입니다. 상반기 진행 완료된 학교를 대상으로 설문조사를 실시한 결과, 학생 교육과 교사 연수에 대해 전반적으로 긍정적 반응이 높습니다.

28개 학교(초 21개교, 중 3개교, 고 4개교 등)를 '탄소중립 실천학교'로 지정했습니다. '탄소중립 실천학교'에서는 학교별로 탄소배출 저감을 위한 실천 주제를 설정하고 생활 속 친환경 행동을 실천하고 학교 문화의 생태적 전환 및 교육과정과 연계한 환경교육을 중점적으로 운영하고 있습니다.

각급 학교마다 실천 중심의 생태환경교육으로 탄소배출을 줄이는 교육활동을 학교급식과 연계해 진행하고 있습니다. '저탄소 환경급식 중점학교'와 '저탄소 채식의 날'을 중점적으로 운영하는데, 지역 내 농산물을 이용해 탄소발자국과 음식물 쓰레기를 줄이기 위한 공동의 채식 식단을 개발해 적용하고 있습니다."

- 21세기 교육의 침로가 생태전환교육 등과 연계해 ESG 및 지속가능발전목표(SDGs)를 포괄하는 융합 교육 프로그램이 돼야 한다는 데에 이견이 없으리라고 봅니다. 교육현장에서 구체화하기 위한 노력이 필요하지 싶습니다. 교육청의 지원 프로그램 구축, 현장 적용을 위한 연구와 교안 마련, 실무 연수 등 복안이 있을 것 같습니다. 자유학기제에 ESG 도입을 권장하는 것도 검토할 법한데요.

"얼마 전 전라북도 초등학교 교사 10명이 1년간 머리를 맞대고 환경교과서를 만들었습니다. 초등학교 1학년부터 6학년까지 학생들 발달 단계에 맞게 6권으로 구분했습니다. 기후 위기를 극복하기 위해 환경부가 올해 초등학교와 중학교의 환경교육을 의무화했지만, 교육 현장에서 실천적인 활동을 하기에 관련 예산이 무척 적고 학생용 교재가 턱없이 부족합니다.

이런 상황에서 연구하는 교사들이 자발적으로 교재를 발간한 것은 무척 고무적입니다. 전라북도교육청에서는 수업연구회와 교사동아리 등 수업혁신을 위해 자발적으로 노력하는 교사들을 위한 지원을 아끼지 않고 있습니다. 이 환경 교과서는 전라북도 내 초등학교들은 물론 서울과 강원, 전남 등 전국적으로 입소문이 나며 호응을 얻고 있습니다.

공존과 상생의 가치를 나누는 교육으로 자유학기제 진로체험 프로그램을 포함해 여러 가지 방안을 고민 중입니다. 농촌유학을 여러 가지 형태로 재구조화해도 의미 있는 프로그램들을 여럿 만들 수 있을 것으로 보입니다. 세상을 바꾸는 작은 거인의 탄생을 기대해봅니다."

- '작은 학교' 증가는 인구소멸 시대에 어쩔 수 없는 일인 것 같습니다. 여러 노력에도 불구하고 규모가 더욱 작아질 경우를 고민하고 계십니까?

"지역소멸을 막기 위해 작은 학교를 살려야 한다는 데에 적극 동의합니다. 하지만, 최선을 다했음에도 전교생이 10명 미만인 '아주 작은 학교'는 통합을 고려할 수밖에 없습니다. 한 학년에 1~2명, 전교생 10명 미만의 학교에서는 정상적인 교육과정을 운영할 수 없습니다. 학생들이 어울리면서 협력하고 때로는 다투기도 하고 갈등도 중재하는 또래 활동이 이뤄져야 사회성을 키울 수 있는데 너무 작은 학교에서는 불가능합니다. 2명이 전부인 교실에서 그 둘이 싸우면 어떻게 되겠습니까? 학교 통합은 무엇보다 학생을 중심에 두고 추진해야 합니다.

현재 학생 수 10명 미만 학교 중 11개교를 대상으로 공론화 과정을 거치고 있습니다. 통합에 관한 학교 공동체와 지역민들의 의견이 모이면 하반기부터 본격 추진하려고 합니다."

- 지역의 규모가 작은 학교에서는 기초학력 문제도 염려하지 않을 수 없습니다. 서 교육감은 기초학력 신장을 중요한 정책 중 하나로 진행하고 있는 것으로 알고 있습니다. 전북교육청이 특별히 노력하고 있는 것은 무엇일까요?

"기초학력은 인간으로서 살아가는 데 필요한 기본적인 힘이므로, 절대적으로 중요합니다. 기초학력을 키우는 것은 인권의 문제입니다. 지난 3월에 초2~고1 학생을 대상으로 기초학력 진단검사를 실시했습니다. 결과에 따라, 기초학력 미도달 학생에게는 맞춤형 학습을 지원하게 됩니다.

담임교사 책임 아래 기초학력 협력교사 141명, 학습튜터 376명을 배정해서 교실 안, 학교 안, 그리고 학교 밖 학력지원센터 등 3단계로 촘촘하게 지도하고 있습니다. 중간에 두 차례 향상도 검사를 하고 12월에는 1년 동안 얼마나 성장했나 알아보는 진단검사를 합니다. 향상도 검사를 마치고 나면 3단계 기초학력 안전망에 대한 유효성과 성과도 평가할 수 있을 거라고 봅니다.

초등학교 단계에서 기초학력을 확실히 끌어올리려고 합니다. 일찍 발견할수록 회복이 쉽고 탄탄하게 학력을 끌어올릴 수 있습니다. 우리 학생들이 대학 진학을 포함해 자신의 꿈을 향해 나아가기 위해서는 기초·기본 학력이 중요합니다."

- 2023년 대한민국 교육은 '미래교육'으로 대전환을 하고 있습니다. 전라북도의 현황은 어떻습니까?

"안타깝게도 전북은 미래교육에 뒤처져 있습니다.

대부분의 교육청이 4~5년 전부터 역점을 두고 미래교육을 준비해왔습니다. 그런데 아쉽게도 우리 전북은 미래교육에 그동안 눈을 감고 있었습니다. 학생 체험 시설이 너무 부족합니다.

전북은 스마트기기 보급률도 20%로 끝에서 두 번째입니다. 서울, 경남, 충남 등 많은 지역이 100% 보급률을 보이고 있습니다. 다른 지역에서는 스마트기기와 스마트칠판으로 디지털 수업을 하는 이때, 우리는 아직도 종이책을 놓고 아날로그 수업을 하고 있습니다. 미래교육에 뒤지면 우리 학생들의 미래역량도 뒤처지게 됩니다. 전북은 미래교육을 서둘러야 합니다.”

-앞으로 우리 교실도 바뀌게 되는 걸까요?

“2025년에 영어, 수학, 국어, 정보 등 교과목에 대해 인공지능(AI) 기술을 접목한 디지털 교과서가 도입됩니다. 에듀테크 환경 구축과 교사 디지털 역량 강화를 통해 디지털 신기술을 활용한 학생 맞춤형 교육을 본격화해야 합니다. 전라북도교육청도 내년까지 학생 교육용 스마트기기와 스마트칠판을 100% 보급하려 합니다. 스마트기기와 칠판의 동시 보급은 전북교육청이 전국 최초입니다.

디지털 기기를 활용한 AI, SW는 수업혁신의 보조 수단이 될 수 있습니다. 수업에 AR, VR, XR, 메타버스 같은 신기술을 적용하는 겁니다. 레오나르도 다빈치의 모나리자를 프랑스의 루브르박물관을 실제로 방문해 감상한 것처럼, 수업시간에 VR을 통해 봄으로써 수업집중도를 높일 수 있습니다. 화산 폭발 분화구 옆에 서 있을 수도 있고, 이탈리아 로마 콜로세움에서 있었던 검투사들의 모습을 생생하게 느낄 수도 있습니다.

앞으로 이런 에듀테크 활용 수업을 통해 학생들의 학습에 더욱 흥미를 가지고 참여하며, 자기주도적으로 학습할 수 있게 되리라 생각합니다.”

- 에듀테크를 활용한 수업을 위해서는 교사의 역량이 중요하겠습니다.

“그렇습니다. 교사가 바뀌면 수업이 바뀌고, 수업이 바뀌면 학교가 바뀝니다. 즉, 수업이 바뀌기 위해서는 먼저 교사가 바뀌어야 합니다.

교사들의 수업 전문성 신장을 위해 일상적인 수업 공개와 나눔이 활성화하도록 지원하고 있습니다. 수업혁신을 위한 교육학습공동체와 창의 · 융합수업실천학교 등을 운영해 현장의 교사들이 공동연구하고 공동실천하는 학교 문화를 조성하고 있습니다. 수업혁신과 교실혁명을 위해 하반기부터 스마트기기와 칠판이 도입되는데, 사용법을 모르는 교사가 제대로 수업을 할 수 없습니다. 그래서 도교육청과 교육연수원, 미래교육연구원, 교육지원청 등 모든 도교육청 기관이 에듀테크 관련 연수에 집중해서 6월 말까지 8,300여 명이 참여해 연수를 받았습니다.

또한, 이런 에듀테크를 활용한 자기주도적 창의•융합 수업이 가능하도록 교사들의 수업 성장에 필요한 분야에 수업 특강과 맞춤 연수를 실시하고 있습니다.” ID

글·안치용
ESG연구소장, 본지 편집위원

서 있으면 비아그라이지만 쓰러지면 신이 되는 숫자

안치용 ▌ESG 연구소장

호 모 헌드레드

한동안 건배사로 "99881234"라는 것이 유행했다. 99세까지 팔팔하게 살고 일하다가 2~3일만 앓고는 죽자는 내용이다. 요즘 건배사를 하는 술자리에 거의 참석하지 않다 보니 이 건배사가 아직 통용되는지는 잘 모르겠다. 여기서 핵심은 아무래도 '88'이다. 이미 100세 시대로 통하는 마당에 99세까지 사는 게 특별한 바람이라고 할 수 없다. 100세까지 살되, 건강하게 살았으면 좋겠다는 건강수명 극대화 욕망이다. 수명연장보다 건강수명이 더 중요하다.

이어지는 '1234'는 사실상 자동기술이다. 생애를 99세로 특정했으니 그때 죽는 것(4)은 부연이다. 그때까지 일하고 싶다는 게 좀 놀라운데, 어쨌든 팔팔해야 일하든 놀든 할 수 있으니 '88'이 '1'을 압도한다. '23'도 마찬가지다. 저녁에 편히 잠들었다가 다음 날 아침 죽어서 이승에서 깨어났으면 좋겠다는, 고통 없는 죽음의 기대. 건강수명 연장을 다르게 표현한 말이다.

'1' 빼고는 노인에게 보편적 생각으로 보이긴 한다만, 군이 건배사로 부질없는 희망을 표명하는 게 우아해 보이지 않는다. 꼭 우아하게 늙어야 하는 건 아니지만 원래 늙는다는 게 더 지혜로워진다는 뜻 아니었나. 지혜가 원래는 우아하다. 요즘 그렇게 늙는 사람이 어디에 있냐고?

하긴 "99881234"를 어느 포털에서 검색해 보니, 이것과 연관 지어 '9988 복상사'란 표현이 나오는 걸 보니

지혜라는 게 늙음의 덕목이 아닌 듯도 하다. 일종의 유머이겠지만 성욕의 분출 가운데 인생의 마감을 상정한 발상이 그다지 상찬할 만하지 않다. 99세 남자(99881234에 여자는 배제된 듯하다)가 아내랑 하다가 죽으면 순직, 첩이랑 하다가 죽으면 돌연사라는, 이른바 '유머'는 거의 치매급이다.

몇 cc 체액을 쥐어짜며 자기 생을 마감하는 모습을 흐뭇하게 받아들이는 감성에 99세란 나이를 추가한다고 애틋함이 생길까. 성관계 중 사망하는 현상을 우리나라에서 남자 복상사, 여자 복하사라고 상과 하로 자상하게 구분한 친절도 전라도 말로 참으로 거시기하다. 우아하지 않아도 거시기할 필요까지는 없지 않은가.

그냥 "99881234"가 더 인간적이라고 해야 할 모양이다.

팔팔하다

국어사전에서 '팔팔하다'는 1. 성질이 거세고 급하다, 2. 날듯이 활발하고 생기가 있다는 두 가지로 설명된다. 보통 2번의 의미로 많이 쓰고 "99881234"의 '88' 또한 2번에 해당한다.

'구구하다'란 말도 있다. 구구(區區)라는 어근은 한자에서 비롯했다. '구구한 학설' 같은 용법은 가치중립적이나, '구구한 변명'이나 '구구한 마음' 등에서는 부정적 느낌이 묻어난다. '구구하다'는 아무래도 좀스럽다.

내친김에 '칠칠하다'까지 살펴보자. '칠칠하다'는 궁

정적 의미를 담았다. "주접이 들지 아니하고 깨끗하고 단정하다"는 뜻이나 주로 '못하다', '않다'와 함께 쓰인다는 게 맹점이다. "칠칠치 못한"과 같은 표현이 보통 용례다. 깨끗하지 않고 단정하지 않으며 주접이 든 상태를 칠칠치 못하다고 말한다. 사람과 무관하게는 나무, 풀, 머리털 따위가 잘 자라서 알차고 길다는 뜻으로 긍정적으로 활용된다. "검고 칠칠한 머리" 같은 표현이 가능하다.

'칠칠' '팔팔' '구구' 어근에서는 팔팔의 몸값이 높아 보인다. 몸이 팔팔하다고 성질이 팔팔해서는 못 쓴다. 나이가 팔십팔세에 다가갈수록 더 그래야 한다.

팔자

관점에 따라 "99881234"는 팔자소관으로 볼 수 있다. 살아가며 스스로 일구고 개척하는 일도 많지만, 타고난 한계를 넘어서는 게 쉽지는 않으니 말이다. 흔히 "살아보니 그렇더라"라는 말을 많이 하는 게 실제로 그렇기 때문이다. '장수 중 최고는 복장(福將)'이라는 경구는 팔자소관을 다르게 표현한 말이다.

흡연의 해악에 저항하고 금연에 맞서면서 자주 드는 논거가 윈스턴 처칠(1874~1965)이다. 소문난 애연가인데다 대단한 술꾼이었던 처칠이 대단한 음주와 흡연에도 장수한 것은 말 그대로 팔자소관이다. 흡연을 예로 들면 어떤 사람은 유전자 특성상 흡연이 몸에 영향을 미치지 않는다고 한다. 식사 후에 곧바로 누워서 자도 소화에 아무런 문제가 없는 사람이 있듯이 타고나기를 다르게 타고나면 일반의 논리가 적용되지 않는다. 문제는 소화 같은 사항은 하루에 두세 번이나 확인할 수 있지만, 음주와 흡연이 미치는 영향에 관해서는 꽤 오랜 시간이 흐른 다음에 결과를 확인할 수 있기에 마침내 영향을 미친 것으로 확인된 어떤 사람은 돌이킬 수 없는 시점에 도달했을 수 있다. "이 산이 아닌가벼" 하고 하산하려니 이미 날이 저물었다.

처칠 같은 이를 두고 다르게 이야기할 수 있다. 원래 90세보다 더 오래 살 수 있었는데 음주·흡연으로 수명이 줄어들었다고. 처칠 같은 이가 아니라 처칠에 관해

선 반론이 가능하다. 처칠은 평생 심각한 우울증에 시달렸다. 그가 자신의 우울증을 "검은 개(Black dog)"로 불렀다는 사실이 널리 알려져 있으며 이 우울증에 맞서기 위해 그림을 그렸다. "천국에 가서 첫 백만 년 동안은 그림만 그리고 싶다"고 말했을 정도로 회화가 우울증을 덜어주는 데 도움을 주었지만 죽을 때까지 우울증에서 완전히 벗어나지는 못했다. 우울증의 심각성을 보여주는 예로, 갑자기 자신도 모르게 자살을 감행할까 봐 처칠은 평생 건물의 발코니나 기차역의 철로 가까이에 가지 않았다고 한다. 이 우울증은 집안 내력이어서, 처칠의 네 자식 중 두 명이 알코올 의존증으로 죽거나 자살로 생을 마쳤다. 음주와 흡연이 처칠에게는 생명을 연장한 묘약이었던 셈이다. 반면 그의 아들은 음주로 삶을 연장하지 못했으니 확실히 처칠은 다르게 타고난 듯하다.

별자리를 보는 서양인과 달리 우리는 사주팔자(四柱八字)를 본다. 사주팔자는 네 개 기둥과 여덟 개 글자라는 뜻이다. 사람이 태어나며 선천적으로 지니게 된 운(運)과 명(命)을 말한다. 태어나며 모든 사람에게 년월일시(年月日時)가 주어지는데 이때 천간(天干)과 지지(地支)가 조합을 이루어 하늘과 땅에 하나의 기둥을 이루게 되며 이를 각각 년주(年柱), 월주(月柱), 일주(日柱), 시주(時柱)라 하고, 운명을 지탱하는 4개의 기둥이라 해 사주(四柱)라 부른다. 사주는 곧 팔자이니 동어반복이다.

많은 한국인이 그렇듯 나 또한 내 사주팔자를 대충은 안다. 태어난 시간이 조금 헷갈려 사주팔자가 달라질 수 있다. 시골에서 갓 상경해 제대로 뭐 하나 갖춰지지 않은 상태에서 나를 낳은 어머니가 "(나를) 낳고 나니 해가 떴다"고 기억하기에 시주(時柱)가 살짝 흔들리나 대세에 지장이 없는 듯하다. 나는 목(木)이 많고 화(火)가 아주 강한 사주팔자다. 사주팔자로는 벌써 대단한 인물이 됐어야 하는데 그렇지 못한 걸 보니 확실히 사주가 믿을 만한 게 못 되는 모양이다.

사주팔자보다는 태몽이 더 맞아떨어지는지도 모르겠다. 어머니가 꾼 내 태몽의 배경은 어머니 친정집 뒷마당으로, 빨간(칼라로 꾸셨다) 능구렁이가 뒷마당의 돌감

브라운공과대 건물 앞에서 세워진 뫼비우스띠 조각상.

나무(그 지역에 감나무가 많았다)를 감아 올라가는 것으로 정몽주 태몽과 얼핏 비슷했다. 차이는, 어머니가 빨간 능구렁이가 나무를 감아 올라가는 것을 보고 있는데 누군가가 갑자기 낫으로 내리쳐 뱀이 두 동강 나며 바닥에 떨어졌다고 한다. 어머니가 '저 뱀이 죽었나 보다' 하고 걱정하는 사이에 끊어진 두 몸이 꿈틀꿈틀 움직여 붙더니 다시 나무를 올라갔다고 한다. 그런 과정을 계속 반복했다고. 물었다. "그래서 어떻게 됐어요?" 답했다. "올라갔지."

내 팔에는 어릴 때 사고로 입은 상처가 있다. 그게 꼭 뱀이 팔을 휘감아 올라가는 모양으로 머리와 혀까지 있다. 태몽 때문에 내가 어릴 때 죽을 줄 알았다고 어머니가 무심결에 말한 적이 있는 걸로 보아 아마 태몽에서 그 빨간 능구렁이가 마지막 낫질을 당한 후에는 회복을 못한 듯하다. 어머니가 태몽 이야기를 꺼낸 까닭은, 사고로 생긴 내 팔의 상처로 태몽의 불길한 기운을 액땜했다고 믿었기 때문이다.

어릴 때는 그 꿈속의 빨간 능구렁이가 나무 꼭대기까지 올라갔기를 바랐다. 만일 끝내 올라가지 못했어도 사고로 생긴 뱀 '문신'이 액땜했다는 어머니 말을 대충 받아들이는 쪽으로 태세를 정했다. 지금은, 빨간 능구렁이가 결국엔 바닥에 떨어져 끝내 올라가지 못했다는 서사에 오히려 안도하게 된다. 끊어진 몸을 붙이느라, 또 같은 길을 꾸역꾸역 올라가느라 애쓴 어머니 꿈속의 빨간 능구렁이에게 "그만 쉬셔도 좋겠소"라는 위로를 전한다.

많이 살지 않았지만, 인생이란 게 "99881234"이면 좋겠지만(좋은가?) 팔팔하지 못한 몸으로 성질만 팔팔한 척하고는 칠칠치 못한 일들을 반복하다가 이삼일 우울해 구구한 변명으로 스스로를 합리화하며 되지 않을 일을 지속하다가 어느 날 죽음을 맞이하는 게 아닐까 싶다. 그런 관점에서 보면 복상사(복하사면 어떠랴)할 팔자를 타고나는 게 꼭 망신스러운 일이 아니라는 생각이

든다. 태몽에 빗대면, 떨어지고 또 떨어져서 이제 아무리 방향을 바꾸어도 낫이 날아올 것을 지각한 가운데 그래도 얼마의 높이든 나무를 오르다가 낫이 날아와 제 몸을 양단할 때의 그 느낌? 성교 중 돌연사가 아무에게나 가능하지 않은 게 성질만 팔팔해서 되지 않고 몸이 팔팔해야 한다.

비아그라라는 대안이 있긴 하다. 비아그라는 뇌로부터 성적인 자극 메시지가 고리형 GMP(고리형 구아노신 일인산염)를 자극하면 화학 물질이 골반 근육을 편안하게 해 페니스가 평상시보다 여덟 배 높은 혈액으로 충혈하게 하는 약품이다. 송구하게 여전히 남성 중심적인 이야기다. 비아그라의 장점이자 단점은, 복용으로 무작정 충혈이 가능한 게 아니라 대상에서 자극을 받아야 8배나 피를 채울 수 있다. 대상 없는 성욕의 배제는, 일말의 우아함이 잔류한 상태라고 자위해도 좋을까. 결국 거시기하게 다시 '88'로 돌아온 셈인가.

뫼비우스의 띠

거시기한 태몽 이야기를 이어가면 빨간 능구렁이가 나무를 휘감아 오른 그 모양이 8자를 연상시키고 또 어찌 보니 뫼비우스의 띠를 닮았다. 만약 개미가 뫼비우스의 띠를 따라 표면을 이동한다면 경계를 넘지 않고도 원래 위치의 반대면에 도달하게 된다. 그 길을 가다가 그 너머로 갈 수 있는 건 아무에게나 주어지지 않는 축복이다.

뫼비우스의 띠는 신성을 탐색하는 인간의 여정을 비유로써 보여준다. 곤고한 현실을 팍팍하게 뚫고 나가는 와중에 어느 사이 임재한 초월성의 광휘. 알베르 까뮈가 말한 시지프의 신화라는 게 바위를 미는 자의 애씀과 정상에서 잠깐 맛보는 해탈 혹은 초월로의 휘발, 그리고 정상에서 저만치 빠른 속도로 내려가는 곧 다시 밀어 올려야 할 바위를 내려다보는 무어라고 표현하기 힘든 거시기한 소회. 까뮈가 말한 시지프 신화의 구조는 뫼비우스의 띠와 물리적으로 다르지만 내용은 같다. 어머니가 꾼 나의 태몽도. 마침내 시지프가 바위에 깔려 죽어가야

한다면, 빨간 능구렁이 또한 낮에 잘려 몸이 두 동강 나야 한다면, 그렇게 뫼비우스의 띠가 찢어지는 것 같은 결말을 통해 뫼비우스의 띠가 완성된다는 아무런 근거 없는 유추가 가능하다.

무한

뫼비우스의 띠는, 수학적 설명이야 다르겠지만 직관적으로 무한(無限)의 가시적이고 물리적인 구현 형태라고 해 틀린 말이 아니다. 뫼비우스의 띠에서 구현된 무한은 그러나 순간적으로 도달했다고 착각할 수 있지만 획득가능한 것이 아니다. 99세의 복상사(복하사)처럼 느낀 순간 모두 잃는다. 주지하듯 뫼비우스의 띠와 무한 기호는 8자를 눕혀 놓은 모양이다.

서양 철학과 신학에서 무한과 유한은 오래된 주제이자 결말이 나지 않은 논쟁이다. 기실 용어 자체에 해결 불능이 들어 있다. 우리말 조성의 유한(有限: Finite)과 무한(無限: Infinite)은 서양 말과 다르다. 무한으로 번역되는 'Infinite' 혹은 'Unendlichkeit'는 반대의 의미를 지닌 접두사를 붙여서 생성된 개념이다. 같지는 않지만(같다고 하면 무한·유한의 오랜 논쟁을 무시하는 것이 된다) 편의상 여집합과 흡사하다고 말할 수 있다. 즉 무한은 자체로 생성됐거나 파악 가능한 개념이 아니라 유한에 대응해 출현한 것이다.

그러므로 우리는 무한을 모른다. 유한과 다르거나 반대일 것이라고만 상상한다. 유한의 개념과 현상 혹은 성상이 사실상 무한하기에 그것의 편의상 여집합인 무한의 무한성은 무애(無涯)하다. 어떤 무한이 다른 무한보다 더 무한하다는 말은 표현 자체가 모호한 말이긴 하지만 한번 해볼 수는 있다. 만일 무한이 유한의 여집합이 아니라면, 그럴 가능성이 크지만, 만일 그렇다면 얘기가 더 복잡해지지만, 어쨌든 우리에게 주어진 결과는 같다. 유한을 제대로 모르는 우리가 무한을 아는 건 불가능하다. 겸손하게 불가능하다는 판단조차 불가능하다고 말해야 한다.

서양 사상에서 무한은 신(神)과 등가다. 기독교에

서 무한 문제를 천착했다. 신학자뿐 아니라 철학자가 이 문제에 답을 제시하려고 애썼다. 없는 답을 찾은 그들의 노력이 어찌 보면 뢰비우스의 띠를 걸어간 개미와 닮았다. 그들이 무한의 띠를 걸었다고 믿었지만, 실제로 걸은 건 뢰비우스의 띠였다.

무지의 지

니콜라스 쿠사누스(1401~1464)는 유한·문제를 고민한 많은 신학자 중 돋보이는 한 명이다. 유한·문제가 신학에서 중요했던 이유는 이것이 내용상 내재성·초월성과 같은 논의이기에, 결국 인간이 어떻게 신에게 다가갈 수 있는지, 어떻게 그를 알 수 있는지에 관한 고민을 담았기 때문이다. 신과 인간이 세상에서 공존할 이유를 찾으려는 노력이었다. 이 노력이 성공하지 못하면, 인간은 신 없는 세계의 고아나 부친살해범이 되기에 신학자들이 필사적일 수밖에 없었다.

쿠사누스의 대표작은 『데 독타 이그노란티아(De docta ignorantia)』(1440)로, 이 책은 제목에서부터 그의 사상을 요약한다. '독타 이그노란티아(Docta ignorantia)'는 영어로 번역하면 'Learned Ignorance' 정도로, 종종 '무지의 지'로 언급되나 '유식한 무지'가 더 합당한 말이다. 하느님께 관한 지식은 인간 최고의 지식이지만 불충분하다는 아우구스티누스의 말로, 쿠사누스는 스스로 안다고 자부하는 지식을 제거함으로써 참다운 하느님과 일치를 이루는 지식에 이른다는 지성한 무지(至聖한 無知, Sacratissima ignorantia)라고 설명했다.

이 책이 '무지의 지'로 알려진 이유는 쿠자누스의 모국어인 독일어에서 『Vom Wissen des Nichtwissens』로 번역됐기 때문이다. 독일어 번역 제목에서 '무지의 지는 과연 지인가?'하는 역설이 생기게 된다. 결국 지는 최고 단계에서 직관 비스름한 것에 제 자리를 내줄 수밖에 없게 된다. 뢰비우스의 띠는 수행을 통해 초월에 도달하지만 그 초월은 다시 피안으로 밀려나는 신기루다. 차안과 피안이 명백히 구분되지만 연결되고, 연결된 듯하지만 분리된 구상(具象)을 보여주는 까닭에 뢰비우스의 띠

의 모양이 신의 수학적 기호에 근접한 무한을 닮은 모양이다. 8이 서 있으면 비아그라이지만, 8이 쓰러지면 무한이 된다. 신은 우리가 쓰러질 때 만날 수 있다는 이야기일까. 🆔

크리티크M 6호
『마녀들이 돌아왔다』
권 당 정가 16,500원
1년 정기구독 시 59,400원
(총 4권, 정가 66,000원)

글·안치용
인문학자 겸 영화평론가로 문학·정치·영화·춤·신학 등에 관한 글을 쓴다. ESG연구소장으로 지속가능성과 사회책임을 주제로 활동하며 사회와 소통하고 있다.

LE MONDE *diplomatique*

크리티크M 6호 발간!

르몽드 코리아, 국제전문지 〈르몽드 디플로마티크〉와
테마무크지 〈마니에르 드 부아르〉에 이어 3번째 고급 지성지 선봬!

〈크리티크M〉의 M은 르몽드코리아 (Le Monde Korea)가 지향하는 세계(Monde)를 상징하면서도, 무크(mook)지로서의 문화예술 매거진(magazine)이 메시지(message)로 담아낼 메타포(metaphor), 근대성(modernity), 운동성(movement), 형이상학(metaphysics)을 의미합니다.

〈르몽드〉의 또다른 걸작, 계간 무크지

〈마니에르 드 부아르〉 열두 번째 이야기

한국판 여름호 『SF, 내일의 메시아』

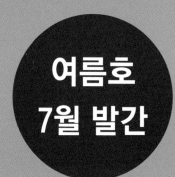

여름호
7월 발간

이 책은 4부로 구성되어 있습니다. **1부 더욱 강해지는 디스토피아의 세계; 2부 인간 이상의 존재들; 3부 합의 속 혼란; 4부 대중서사가 된 SF.** 필자로는 에블린 피에예, 피에르 랭베르, 그레그 그랜딘, 마르쿠스 베스나르, 필리프 리비에르 등이 있습니다.

LE MONDE
diplomatique

〈르몽드 디플로마티크〉가 선택한 첫 소설 프로젝트!
미스터리 휴먼-뱀파이어 소설, 『푸른 사과의 비밀』 1권 & 2권

『푸른 사과의 비밀』

권 당 정가 16,500원
1, 2권 정가 33,000원

이야기동네는 월간 〈르몽드 디플로마티크〉, 계간 〈마니에르 드 부아르〉〈크리티크 M〉를 발행하는 르몽드코리아의 비공식 서브 브랜드입니다. 이야기동네는 도시화 및 문명의 거센 물결에 자취를 감추는 동네의 소소한 풍경과 이야기를 담아내, 독자여러분과 함께 앤티크와 레트로의 가치를 구현하려 합니다.

홀스랜드
www.whorseland.com
경기도 가평군 상면 물골길 391